La Méthode Montessori Complète

Édition française de
The Complete Montessori Method Book

par
Kim Suzuki

© Copyright 2024 - Tous droits réservés.

Le contenu de ce livre ne peut être reproduit, dupliqué ou transmis sans autorisation écrite directe de l'auteur ou de l'éditeur.

En aucun cas, des reproches ou des responsabilités légales ne seront imputés à l'éditeur ou à l'auteur pour des dommages, des réparations ou des pertes monétaires liés aux informations contenues dans ce livre, que ce soit directement ou indirectement.

Avis juridique :

Ce livre est protégé par le droit d'auteur. Il est destiné uniquement à un usage personnel. Vous ne pouvez pas modifier, distribuer, vendre, utiliser, citer ou paraphraser une partie ou l'ensemble du contenu de ce livre sans le consentement de l'auteur ou de l'éditeur.

Avis de non-responsabilité :

Veuillez noter que les informations contenues dans ce document sont fournies uniquement à des fins éducatives et de divertissement. Tous les efforts ont été déployés pour présenter des informations précises, à jour, fiables et complètes. Aucune garantie d'aucune sorte n'est déclarée ou implicite. Les lecteurs reconnaissent que l'auteur n'est pas engagé dans la prestation de conseils juridiques, financiers, médicaux ou professionnels. Le contenu de ce livre provient de diverses sources. Veuillez consulter un professionnel agréé avant d'essayer toute technique décrite dans ce livre.

En lisant ce document, le lecteur accepte que, en aucun cas, l'auteur ne soit responsable des pertes, directes ou indirectes, résultant de l'utilisation des informations contenues dans ce document, y compris, mais sans s'y limiter, les erreurs, omissions ou inexactitudes.

TABLE DES MATIÈRES

Introduction 06
    Découvrir la méthode Montessori 07
    Une aventure transformative pour les parents 08

Chapitre 1 : Les fondamentaux montessori 10
    La philosophie Montessori dévoilée 11
    Les périodes sensibles 13
    Créer un environnement Montessori 16
    État d'esprit Montessori pour les parents 21
    Discipline et communication Montessori 23
    Le voyage Montessori à venir 26

Chapitre 2 : Montessori pour bébés (de la naissance à 12 mois) 27
    Magie Montessori pour nourrissons 27
    Accueillir les périodes sensibles de bébé 29
    Encourager le développement moteur et sensoriel 34
    Stimuler la créativité chez les tout-petits 36
    Montessori à la maison : un environnement créatif 39

Chapitre 3 : Montessori pour les tout-petits (12–36 mois) 44
    Les années des tout-petits : défis et opportunités 44
    Développement des compétences linguistiques et communication .. 49
    Nourrir la créativité et l'indépendance 52
    Création d'un foyer bienveillant 58
    Témoignage parental 60

Chapitre 4 : Montessori pour les enfants d'âge préscolaire (3 à 5 ans) 63
   La maternelle Montessori : la fondation du succès 64
   Montessori pour la vie 68
   Explorer les sciences et la nature avec de jeunes scientifiques 69
   Développer les mathématiques, le langage et les arts 72
   Témoignages parentaux 78

Chapitre 5 : Une vie de principes Montessori 80
   L'éducation Montessori à travers les âges 82
   Études culturelles et sociales : des citoyens du monde en devenir ... 87
   Une approche holistique : encourager l'amour de l'apprentissage de tout 89

Guider une communauté de parents conscients 91

Conclusion: une expédition Montessori tout au long de la vie 92
   Récapitulatif de la parentalité Montessori 93
   Inspirer les parents 94
   Découvrir les communautés de soutien 95

Liste d'activités 97
   Remarques sur la liste d'activités 97
   0-12 mois 98
   12-24 mois 115
   2 à 3 ans 128
   3 à 4 ans 142
   4 à 5 ans 155

Références 177

INTRODUCTION

Bienvenue, cher parent, dans cette incroyable aventure au cœur du monde fascinant de la parentalité. Cette escapade vous invite à plonger pleinement dans l'approche Montessori, une philosophie vénérée qui accompagne les enfants et les parents depuis plus d'un siècle. À travers les pages à venir, nous explorerons ensemble les principes enchanteurs de Montessori, révélant leur pouvoir magique de façonner les premières années de la vie de votre enfant. En suivant ces chapitres, vous découvrirez comment Montessori éveille l'imagination de votre enfant, favorise son indépendance, et suscite un sentiment d'émerveillement qui les accompagnera dans leur exploration remarquable du monde.

La parentalité, souvent décrite comme un voyage vers l'inconnu, est une aventure unique et stimulante. En nous lançant sur ce chemin, nous sommes remplis d'espoirs, de rêves, et d'un profond désir de fournir le meilleur à nos enfants. Nous aspirons à les voir s'épanouir, à les regarder grandir en individus confiants et autonomes, capables de naviguer avec grâce et résilience à travers les complexités du monde. Cette expérience peut s'avérer intimidante et parfois même écrasante, surtout dans un monde où l'abondance de conseils, de méthodes et de philosophies souvent contradictoires rivalise pour attirer notre attention.

C'est là que la méthode Montessori se distingue comme un phare de clarté et de simplicité. Au cœur du tumulte et de la confusion, Montessori offre une approche parentale directe et holistique. Elle trace un chemin limpide, aligné sur les inclinations et les étapes de développement naturel de votre enfant, rendant la tâche non seulement abordable mais également profondément gratifiante.

À travers les lignes directrices simples de Montessori, vous découvrirez que la parentalité peut être une expérience joyeuse et épanouissante. Elles fournissent une carte routière qui vous habilite à libérer le potentiel inné de votre enfant et à le guider vers l'individu capable et indépendant qu'il est destiné à être. Alors, tandis que nous nous embarquons ensemble dans cette expédition unique, laissez la méthode Montessori être votre étoile guide, vous montrant la meilleure direction à prendre.

DÉCOUVRIR LA MÉTHODE MONTESSORI

Notre plongée au cœur de la méthode Montessori est une aventure de découverte, promettant d'éclairer le chemin de la parentalité avec une clarté retrouvée et une intention renouvelée. Au cœur de la démarche de ce livre réside un objectif clair : fournir aux parents un instrument puissant pour nourrir la créativité et l'indépendance chez les enfants, de la naissance à l'âge scolaire, et même au-delà. En tant que parents, nous sommes pleinement conscients que la parentalité ne peut se plier à une approche unique, reconnaissant la vaste diversité des dynamiques familiales et des circonstances qui enrichissent notre monde. C'est précisément cette reconnaissance qui alimente le moteur de ce livre, engagé à vous armer des connaissances et des outils nécessaires pour adapter les principes Montessori à votre cadre familial unique.

Le fil conducteur qui traverse ce guide est celui de l'autonomisation du parent, que l'on équipe pour assumer le rôle d'un gardien confiant et compatissant du développement de l'enfant. Montessori va bien au-delà d'une simple collection de techniques éducatives ; c'est un paradigme profond qui vous infuse une compréhension et un respect authentique pour l'individualité de votre enfant. Il vous invite à participer activement à l'aventure de croissance et de découverte de votre enfant. En embrassant les principes exposés dans ces chapitres, vous découvrirez l'art de créer un environnement qui nourrit non seulement la curiosité innée de votre enfant, mais aussi son autonomie naissante. C'est une voie sûre pour allumer une passion durable pour l'apprentissage dans le cœur de votre enfant.

UNE AVENTURE TRANSFORMATIVE POUR LES PARENTS

Je sais que la parentalité peut parfois sembler déroutante, et que l'incertitude inévitable qui l'accompagne peut nous pousser vers le découragement. Mais ne vous inquiétez pas ; ce livre simplifiera la méthode Montessori pour vous, démystifiant ses principes fondamentaux en étapes pratiques et gérables que vous pourrez intégrer dans votre vie quotidienne. Le style de ce guide se veut amical, informatif, et simple, conçu pour rendre la philosophie Montessori accessible à tous les parents, quel que soit leur horizon ou leur niveau d'expérience.

Si vous cherchiez une approche éducative simple et efficace, je vous assure que celle-ci ne décevra en rien. Que vous soyez un nouveau parent à la recherche de conseils sur la création d'un environnement nourrissant pour votre nouveau-né, un éducateur, ou un proche aidant chevronné cherchant de nouvelles perspectives, la méthode Montessori sera un atout fiable et très utile.

Si vous êtes intéressé par le système éducatif Montessori, il est fort probable que vous connaissiez déjà son accent sur l'indépendance, l'individualité et le développement naturel des enfants. Cette approche repose sur la conviction que chaque enfant possède un potentiel unique et que son apprentissage doit être adapté à ses besoins, intérêts et capacités. En tant que parent Montessori, vous croyez en le potentiel de votre enfant et êtes enthousiaste à l'idée de soutenir son parcours d'auto-exploration. Vous comprenez que l'éducation ne se limite pas aux aspects académiques, mais englobe également la croissance sociale, émotionnelle et physique. Les informations présentées dans ce livre s'adressent à quiconque souhaite en apprendre davantage sur la méthode et la manière dont elle peut être bénéfique pour leur enfant. Que vous soyez novice dans la communauté Montessori ou impliqué depuis des années, il y a toujours quelque chose de nouveau à découvrir et à apprendre.

Dans les chapitres qui suivent, nous plongerons au cœur de la philosophie de Montessori, explorant son histoire, sa vision, ainsi que les moyens pratiques d'intégrer ses principes dans votre vie quotidienne. Nous aborderons la valeur de créer un environnement préparé qui favorise le développement de votre enfant, le rôle de l'observation pour comprendre les besoins et les intérêts de celui-ci, et l'importance de cultiver l'indépendance dès le plus jeune âge.

De plus, nous explorerons le concept essentiel de la liberté dans les limites. Vous apprendrez à établir un équilibre entre permettre à votre enfant la liberté d'explorer et de faire des choix tout en fournissant la structure fondamentale et l'orientation nécessaires pour assurer sa sécurité et son bien-être.

Tout au long de ces pages, je partagerai des histoires réelles de parents qui ont intégré avec succès la méthode Montessori, démontrant comment elle a positivement influencé la vie de leurs enfants. Ces anecdotes servent d'inspiration et de validation, montrant que l'approche Montessori n'est pas simplement une théorie, mais une manière pratique et réalisable d'élever des enfants.

Ouvrez votre cœur et votre esprit à la philosophie Montessori et ayez confiance en le potentiel inné de votre enfant à découvrir, se développer, et réussir. Montessori n'est pas simplement une autre méthode parentale ; c'est un chemin éprouvé pour cultiver les capacités naturelles de votre enfant et les transformer en individus sains, compétents, et autonomes.

Ainsi, embarquons ensemble dans cette exploration passionnante, en se rappelant que la destination ultime n'est pas un lieu physique, mais un présent captivant et un avenir où votre enfant sera solidement équipé de compétences essentielles, de connaissances et de confiance en soi pour affronter les divers défis de la vie. À travers la méthode, nous ne faisons pas que nourrir nos enfants ; nous plantons les graines d'une transformation positive dans le monde qu'ils hériteront et façonneront un jour. Cet engagement représente un investissement dans le potentiel infini des générations futures, où l'esprit de curiosité, d'indépendance et d'apprentissage continu éclaire le chemin vers un avenir meilleur.

CHAPITRE 1 :
LES FONDAMENTAUX MONTESSORI

"En plongeant dans l'étude de la méthode Montessori, nous nous attardons sur un point central fascinant : l'extraordinaire manifestation de la vie psychique du jeune enfant"
- Maria Montessori.

En explorant les principes essentiels de la méthode Montessori, nous découvrons qu'il s'agit d'une approche éducative centrée sur l'enfant, mettant en avant l'importance d'un environnement d'apprentissage favorable. Elle encourage les enfants à explorer et à apprendre à leur propre rythme, favorisant ainsi leur créativité, leur indépendance et leur motivation intrinsèque.

La méthode Montessori enseigne que les enfants apprennent mieux à travers des expériences pratiques et concrètes qui leur permettent d'explorer et de découvrir le monde qui les entoure. Les expériences sensorielles revêtent une importance particulière, et les enfants devraient être encouragés à apprendre à travers leurs sens. De plus, suivre leurs intérêts et leurs passions les aide à cultiver un amour naturel de l'apprentissage.

En adoptant l'état d'esprit Montessori, les parents peuvent créer un environnement propice qui nourrit la curiosité innée et la créativité de leur enfant. Nous pouvons mettre à leur disposition des matériaux qui encouragent l'exploration et l'expression de soi, tout en favorisant leur indépendance en les laissant prendre des décisions concernant leur apprentissage. En définitive, la méthode Montessori donne aux enfants le pouvoir de devenir des apprenants autodirigés, capables d'exploiter pleinement leur potentiel. Tout au long de ce chapitre, j'ai inclus des récits de parents qui ont mis en œuvre avec succès les méthodes proposées chez eux, illustrant ainsi l'efficacité de cette philosophie.

LA PHILOSOPHIE MONTESSORI DÉVOILÉE

En tant que parents évoluant dans le domaine de l'éducation de la petite enfance, nous pouvons puiser du réconfort dans les principes durables de la philosophie de Maria Montessori. Ces enseignements intemporels continuent de fournir un guide précieux pour le développement des jeunes enfants, contribuant à établir des bases solides pour leur succès futur.

Émergence d'un mouvement

Maria Montessori, médecin et éducatrice italienne, s'est initialement orientée vers une carrière en psychiatrie au début de ses études en médecine. Cependant, ses intérêts ont rapidement évolué vers l'éducation, l'incitant à suivre des cours de pédagogie et à se plonger dans la théorie éducative. Ce cheminement l'a conduite à remettre en question les méthodes existantes utilisées pour enseigner aux enfants présentant des troubles intellectuels et développementaux. Dès 1900, elle occupe le poste de co-directrice dans un institut nouvellement créé pour la formation des enseignants en éducation spéciale. Maria aborda cette tâche avec une approche scientifique, observant méthodiquement et expérimentant pour identifier les techniques d'enseignement les plus efficaces. À la surprise de nombreux observateurs, de nombreux enfants exposés à ces méthodes ont présenté des progrès remarquables, démontrant ainsi le succès du programme.

En 1907, elle releva un nouveau défi : établir un centre de garde d'enfants à plein temps à San Lorenzo, un quartier défavorisé du centre-ville de Rome. Cette institution révolutionnaire, la première du genre dans la nation, deviendrait plus tard la Casa dei Bambini, offrant un environnement d'apprentissage de haute qualité. Initialement, les enfants présentaient un comportement indiscipliné, mais ils se sont rapidement passionnés pour des activités telles que la résolution de casse-têtes, l'apprentissage de la préparation des repas et l'interaction avec des matériels éducatifs conçus par Maria elle-même. Elle a observé comment les enfants absorbent naturellement des connaissances de leur environnement, devenant essentiellement des apprenants autonomes. S'appuyant sur l'observation scientifique et son expérience précédente avec de jeunes enfants, Maria a conçu des matériels d'apprentissage et des configurations de classe qui nourrissaient le désir inné des enfants d'apprendre tout en leur accordant la liberté de choisir leurs propres matériaux.

Contrairement à ce que beaucoup pouvaient attendre, les enfants des programmes de Maria ont connu un succès indéniable, démontrant une grande concentration, une attention soutenue et une discipline spontanée. La "Méthode Montessori" a commencé à attirer l'attention d'éducateurs éminents, de journalistes et de personnalités publiques. En 1910, des écoles Montessori avaient déjà éclos à travers toute l'Europe occidentale et s'établissaient à l'échelle mondiale, y compris aux États-Unis, où la première école Montessori a ouvert ses portes à Tarrytown, New York, en 1911.

En 2023, on recense plus de 15 000 écoles Montessori à travers le monde. Ce nombre est en croissance, à mesure que de plus en plus de parents et d'éducateurs prennent conscience de la puissance de l'apprentissage autodirigé, réalisant qu'un programme d'études devrait être adapté aux intérêts et inclinations naturels de l'enfant, et non l'inverse.

Dans notre exploration de cette philosophie, nous découvrirons sa pertinence intemporelle dans le monde moderne et comprendrons son impact profond sur la croissance de nos enfants. À travers les récits de vie partagés, nous assisterons directement aux effets transformateurs de la méthode Montessori dans la vie des parents et des enfants. Les idées novatrices de Maria Montessori continuent de résonner, offrant des conseils inestimables pour nourrir les jeunes esprits et promouvoir des valeurs multiples qui caractérisent les enfants élevés dans un tel contexte.

La vision de la petite enfance selon Montessori

Comme mentionné précédemment, la méthode Montessori met l'accent sur la création d'un environnement propice à l'indépendance, l'autodiscipline et l'amour de l'apprentissage. Selon cette approche, les enfants devraient avoir la liberté de suivre leurs intérêts et leur curiosité naturelle, le tout sous la guidance d'adultes attentifs et bienveillants. Cela ne se limite pas seulement à cultiver des compétences académiques, mais aussi à favoriser des compétences de vie essentielles telles que la résolution de problèmes, la pensée critique et l'empathie.

Dans cette section, nous plongerons dans cette vision et explorerons ses implications pratiques pour le développement de votre enfant. Nous dévoilerons les principes qui sous-tendent la méthode et offrirons des éclaircissements sur la manière dont ces principes peuvent être appliqués chez vous. En comprenant les idées profondes de Montessori, vous serez mieux préparé pour créer un environnement en accord avec la nature intrinsèque de l'enfant, posant ainsi les bases d'un développement naturel et sain.

LES PÉRIODES SENSIBLES

Les périodes sensibles occupent une place centrale dans la philosophie Montessori, un concept que Maria Montessori a observé au fil de ses travaux approfondis avec les enfants. Ces périodes sensibles correspondent à des moments spécifiques du développement de l'enfant où celui-ci est particulièrement réceptif à certains types d'expériences d'apprentissage. Ces phases, en relation avec des étapes critiques du développement, représentent le désir inné de l'enfant d'acquérir des compétences et des connaissances spécifiques.

Montessori a identifié plusieurs de ces périodes sensibles, chacune se concentrant sur des aspects particuliers du développement.

Période sensible de l'acquisition du langage (0 à 6 ans)

La période sensible liée au langage qui s'étend de la naissance jusqu'à l'âge de six ans, est marquée par une réceptivité exceptionnelle au développement linguistique. Les enfants absorbent rapidement le vocabulaire, la structure des phrases et les subtilités de la langue avec une rapidité et une précision étonnantes. Leurs jeunes esprits agissent comme des éponges, captant les mots et leurs significations dans l'environnement qui les entoure. Durant cette période, les parents ont le rôle de communiquer régulièrement avec l'enfant et de lui fournir un environnement riche en matériel linguistique.

Période sensible de l'ordre et de la précision (2 à 4 ans)

Entre deux et quatre ans, les enfants vivent une phase distinctive marquée par un profond besoin d'ordre et de précision dans leur environnement. Ils manifestent une nécessité de constance et de prévisibilité dans leurs routines quotidiennes. Cette période sensible va au-delà de la simple propreté ; elle représente un désir profond d'établir un monde structuré où les objets ont des places et des buts définis. Les parents peuvent exploiter cette inclination en fournissant un environnement organisé qui encourage la propreté et le souci du détail.

Période sensible du mouvement et de la coordination (0 à 5 ans)

Dès les premiers instants du ramper jusqu'aux premiers pas et au-delà, les enfants se lancent dans une quête pour affiner leurs compétences motrices. Cette période, s'étendant de la naissance à l'âge de cinq ans, se caractérise par un intérêt véritable pour le mouvement et la coordination. C'est une période où les enfants explorent avec enthousiasme leurs capacités physiques, de la saisie d'objets à la maîtrise de mouvements complexes. En tant que parents, votre rôle est de fournir un environnement sécuritaire et stimulant qui favorise le développement de ces compétences motrices, permettant à vos enfants de devenir des individus sûrs d'eux et coordonnés.

Période sensible de l'exploration sensorielle (0-5 ans)

Pour les jeunes enfants, le monde est un royaume exquis d'expériences sensorielles, et de la naissance à cinq ans, ils vivent un charmant voyage d'exploration des sens. Pendant cette période sensible, les enfants sont naturellement attirés par les stimuli tactiles, auditifs et visuels qui les aident à comprendre leur environnement. Qu'il s'agisse d'expérimenter différentes textures ou de se délecter du son mélodique de la nature, ces révélations sensorielles sont la base du développement cognitif. En tant que parents, vous pouvez enrichir cette exploration en fournissant un environnement riche en stimuli sensoriels, encourageant la curiosité et favorisant la conscience des sens.

Période sensible du développement social (2 à 4 ans)

Entre l'âge de deux et quatre ans, les enfants connaissent une transformation substantielle dans leur développement social. Ils manifestent un intérêt croissant pour l'interaction avec leurs pairs et la cultivation de compétences sociales essentielles. Cette période sensible signifie l'émergence de l'empathie, de la coopération et de la capacité à naviguer dans des interactions sociales complexes. En tant que parents, votre rôle est crucial dans le développement de ces compétences sociales en offrant des occasions d'interactions sociales positives et en modélisant un comportement respectueux et empathique.

L'importance de comprendre les périodes sensibles

Comprendre ces périodes sensibles est primordiale pour les parents. Cela vous permet d'accorder une attention précise aux besoins et aux intérêts développementaux de votre enfant. Par exemple, lorsque vous reconnaissez que votre enfant traverse une période sensible pour le langage, vous pouvez lui fournir les outils et les opportunités adéquats pour renforcer efficacement ses compétences linguistiques.

En identifiant quand votre enfant traverse une période sensible, vous pouvez offrir des matériaux d'apprentissage appropriés et des expériences qui soutiennent leur croissance. Tout au long de ce livre, vous explorerez des études de cas concrets illustrant comment ces périodes sensibles influent sur le développement des enfants. Cette connaissance vous aidera à aligner votre approche éducative sur les inclinations naturelles de votre enfant, favorisant ainsi un parcours d'apprentissage plus harmonieux et productif.

CRÉER UN ENVIRONNEMENT MONTESSORI

Transformer votre domicile en un havre Montessori représente une étape importante pour embrasser pleinement cette philosophie. Cette section vous accompagne tout au long du processus de création d'un environnement qui respecte les principes de la méthode. Nous abordons les considérations de sécurité et vous proposons des conseils pour aménager des espaces adaptés à l'âge, favorisant ainsi l'exploration et l'indépendance de votre enfant. De plus, vous découvrirez des récits inspirants de parents qui ont réalisé avec succès des transformations Montessori dans leurs foyers, démontrant que même de petites modifications peuvent produire des résultats significatifs.

Espace cuisine adapté aux enfants

La cuisine est un centre important d'activités quotidiennes. Accroissez l'indépendance de votre enfant en établissant un espace convivial dans cette zone. Créez un placard ou un tiroir spécialement réservé, soigneusement garni d'assiettes, de verres et d'ustensiles de cuisine sûrs adaptés à l'âge et aux capacités de votre enfant. Lorsque l'enfant est suffisamment grand, optez pour la tour d'apprentissage, plaçant ainsi l'enfant à la hauteur du plan de travail, lui permettant d'observer et de participer aux tâches quotidiennes. Veillez attentivement à ce que des objets tranchants tels que des couteaux et des appareils de chauffage soient hors de portée de votre enfant.

Cet espace cuisine conçu avec intention permettra à votre enfant de s'impliquer activement dans la préparation des repas et le nettoyage, cultivant ainsi un profond sentiment de responsabilité et de capacité dès les premiers stades de son développement. Encourager sa participation à ces tâches quotidiennes renforce non seulement son indépendance, mais renforce également ses compétences pratiques de la vie. C'est au sein de cette enclave de cuisine adaptée aux enfants que votre enfant commencera à embrasser la joie de contribuer aux routines quotidiennes de la famille, forgeant ainsi les bases d'une vie d'autonomie.

Témoignages d'expérience

Écoutons maintenant le témoignage d'un parent anonyme sur son expérience de création d'un espace spécifique pour les enfants dans sa cuisine :

J'étais enthousiaste à l'idée d'adopter la philosophie Montessori chez nous, alors j'ai décidé de créer un espace dans notre cuisine pour mon fils. J'ai vidé un tiroir, juste à sa hauteur, et je l'ai rempli de récipients pour enfants, de tasses et d'ustensiles en bois et en plastique. Il était incroyable de voir comment ce changement simple permettait à mon fils de se sentir inclus dans les activités de la cuisine. J'ai également identifié clairement le tiroir avec des autocollants colorés qu'il aimait et je lui ai dit plusieurs fois que ce tiroir était le sien, et les autres tiroirs étaient réservés à maman et papa uniquement. Après cela, je devais rarement lui dire de ne pas ouvrir les autres tiroirs et armoires et je me sentais assez confiant pour retirer les verrous pour enfants partout. Ce sont ces ajustements petits mais significatifs qui me font me demander à quel point la parentalité pourrait être plus simple si nous comprenions mieux les enfants.

Vous pouvez également étendre ce principe à d'autres zones de votre maison. Cora partage comment elle a aménagé un petit espace de travail dans son bureau pour sa fille :

Je voulais créer un espace de travail productif pour ma fille afin qu'elle puisse faire ses activités artistiques pendant que je travaillais à domicile. J'ai donc transformé un coin de mon bureau à domicile en bureau pour enfants avec un petit bureau, une chaise colorée, des œuvres d'art inspirantes et un tableau blanc. Cette configuration a fait en sorte qu'elle peut se concentrer davantage et s'occuper plus longtemps pendant que je travaille à côté d'elle. C'est une situation gagnant-gagnant pour nous deux.

Les tours d'apprentissage

Les tours d'apprentissage représentent un meuble exceptionnellement bien pensé pour les jeunes enfants, et elles s'avèrent incroyablement pratiques. Conçues avec ingéniosité en accordant une grande attention à la sécurité, certaines versions offrent même des réglages de hauteur.

Ce qui rend ces meubles vraiment remarquables, c'est leur capacité à encourager l'indépendance chez les enfants. Elles permettent aux tout-petits de se positionner à la hauteur du comptoir ou de la table, facilitant ainsi leur participation à diverses activités culinaires, que ce soit de manière collaborative ou autonome.

Placer les enfants confortablement aux côtés des adultes induit un sentiment d'égalité, les encourageant à imiter les actions de leurs parents. Les tours d'apprentissage deviennent un outil exceptionnel pour cultiver la confiance, la coopération, l'autonomie, et un profond sentiment de contribution active aux activités familiales.

Comparées aux chaises ou tabourets classiques, ces tours offrent une expérience d'apprentissage bien plus sûre et enrichissante pour les enfants, en leur procurant des opportunités précieuses pour apprendre tout en passant des moments agréables avec leurs parents. En fin de compte, les tours d'apprentissage jouent un rôle essentiel dans la croissance et le développement des enfants, en les aidant à embrasser en toute sécurité l'indépendance au sein de la dynamique familiale, ce qui en fait un élément indispensable de la philosophie Montessori.

Harold, père d'une fillette de trois ans, illustre à quel point la tour peut être utile :

Notre fille de trois ans demandait constamment à être portée dans nos bras lorsque nous préparions quelque chose dans la cuisine. Ce n'était souvent pas dû à un besoin d'affection ou de sécurité, mais plutôt à un fort désir d'observer et de participer aux activités en cours. Avec des bras endoloris et un esprit ouvert aux solutions, ma femme et moi avons découvert les tours d'apprentissage Montessori grâce à un ami. Permettez-moi de dire que cet ajout a complètement changé la dynamique de la cuisine. Notre fillette de trois ans peut maintenant participer activement à la préparation des repas, à la cuisine, à vider le haut du lave-vaisselle, et nous pouvons enfin détendre nos muscles du bras! Un jour, elle a attrapé avec confiance des glaçons du congélateur toute seule en se tenant dans la tour, puis a remis la tour contre l'îlot de cuisine et est allée mettre les glaçons dans son verre de jus. Ce n'est rien de spectaculaire bien sûr, mais la joie que j'ai ressentie en la voyant développer son indépendance de cette manière est quelque chose que je n'oublierai jamais. Cette tour est devenue une partie essentielle de notre routine quotidienne, et nous ne pouvons pas imaginer notre cuisine sans elle.

L'entrée

L'entrée de votre maison est un excellent endroit pour favoriser l'indépendance, offrant d'innombrables occasions à votre enfant de relever de nouveaux défis, un petit pas à la fois. Assurez-vous d'avoir un banc ou un escalier à proximité, où il peut s'asseoir pour mettre ou enlever ses bottes et ses chaussures. Un panier accessible contenant uniquement les affaires de l'enfant comme les chapeaux, moufles, écharpe, etc., est indispensable. Assurez-vous également d'avoir un crochet sécuritaire à la hauteur de votre enfant pour lui permettre d'accrocher ses vêtements. Enfin, ayez un miroir où l'enfant peut vérifier s'il est correctement habillé avant de quitter la maison.

Organisation réfléchie des jouets

La méthode Montessori encourage une organisation réfléchie des jouets. Plutôt que de submerger votre enfant d'une montagne de jouets, optez pour une petite étagère où ils peuvent voir tous leurs jouets d'un seul coup d'œil. Cette disposition permet à votre enfant de choisir et de jouer avec les jouets de manière indépendante, tout en favorisant la responsabilité de ranger lorsqu'ils ont terminé. Lorsque chaque jouet a un espace clairement désigné, il est bien plus facile pour les enfants de le remettre à sa place une fois qu'ils ont terminé. De plus, envisagez de faire une rotation des jouets périodiquement pour maintenir leur intérêt et favoriser un temps de jeu prolongé avec chaque jouet.

La chambre de votre enfant

La chambre de votre enfant est un espace essentiel pour favoriser l'indépendance. Adoptez l'idée du fameux lit au ras du sol, qui permet à votre enfant de grimper ou descendre du lit sans aide, cultivant ainsi un sentiment d'autonomie dans leur routine de sommeil.

Une petite étagère à livres dans leur chambre, associée à un coin lecture confortable rempli de livres sur leurs sujets préférés, crée un environnement propice à la lecture qui encourage la littératie dès le plus jeune âge. Gardez l'étagère à livres accessible pour que votre enfant puisse prendre un livre chaque fois qu'il en a envie.

Ajouter une veilleuse est aussi une bonne idée. Son but est d'être pratique si votre enfant en a besoin ; sinon, elle devrait rester éteinte. L'obscurité est fondamentale pour garantir le repos et une bonne nuit de sommeil. De plus, l'inclusion d'un panier à linge améliore le sens de responsabilité et d'organisation de votre enfant, les incitant à maintenir leur espace aussi propre que possible, avec tout à sa place, y compris le linge.

Et que pensez-vous d'installer un miroir dans leur chambre? Absolument! Il doit être positionné à la hauteur de votre enfant afin qu'il puisse l'utiliser et se voir reflété. L'objectif n'est pas de promouvoir la vanité, mais de lui permettre de vérifier si ses vêtements et autres aspects de sa présentation personnelle sont bien soignés. De plus, vous pouvez installer des crochets près du miroir ; de cette manière, ils peuvent accrocher leurs vêtements et accessoires facilement.

Sarifa, mère d'un garçon de trois ans qui a récemment appris à s'habiller tout seul, a choisi l'idée du miroir dans la chambre et partage maintenant son expérience :

J'ai décidé d'ajouter un simple miroir dans la chambre de mon fils de trois ans, pensant que cela pourrait être un ajout amusant. Je ne savais pas à quel point cela aurait un impact. Un matin, en l'observant silencieusement, j'ai vu quelque chose de très beau se dérouler. Il se tenait devant le miroir, essayant d'ajuster sa chemise comme il m'avait vu faire d'innombrables fois. C'était un moment de joie et de fierté pure alors que je le regardais expérimenter par lui-même. Ce simple miroir m'a donné le sentiment que mon bébé se transformait en un petit homme indépendant. Cela a réchauffé mon cœur et m'a fait réaliser que parfois, il ne faut pas grand-chose pour autonomiser nos enfants de manière remarquable.

Décoration attentionnée

En ce qui concerne la décoration de l'espace de votre enfant, optez pour une esthétique neutre et apaisante. Évitez l'utilisation excessive de matériaux plastiques et privilégiez plutôt des matériaux naturels tels que le bois, le bambou, le verre et des matériaux en fibres naturelles. Une décoration neutre crée non seulement un environnement apaisant, mais permet également aux touches personnelles de se démarquer. Il n'est pas nécessaire de remplir la pièce de papier peint coloré ou de couleurs vives. Au lieu d'avoir d'énormes affiches ou peintures de dessins animés, essayez d'utiliser des photos de famille. De plus, donner aux enfants la liberté d'organiser leur propre chambre et de choisir leur propre style peut renforcer leur indépendance. Vous n'avez pas à choisir pour eux en pensant qu'ils ne sont pas assez grands pour le faire ; au contraire, il est important de guider votre enfant à faire des choix à l'intérieur d'un cadre approprié.

L'importance des choix de conception réfléchis alignés sur les principes de Montessori doit être soulignée. Ces changements peuvent être transformateurs, faisant de votre maison un espace où votre enfant peut explorer, apprendre et s'épanouir de manière indépendante. N'oubliez pas, même de petits changements peuvent donner des résultats significatifs dans le développement et l'indépendance de votre enfant.

ÉTAT D'ESPRIT MONTESSORI POUR LES PARENTS

En tant que parents Montessori, notre conviction profonde réside dans l'autonomisation de nos enfants, les guidant vers l'épanouissement en tant qu'individus confiants et autonomes, capables de prendre leurs propres décisions. En créant un environnement bienveillant qui encourage l'exploration et la découverte de soi, nous accompagnons nos enfants dans le développement de leur tendance innée à apprendre et à accomplir des tâches à leur propre rythme. À travers cette approche, nous célébrons leurs succès, les guidons dans l'apprentissage de leurs erreurs, tout en favorisant un sentiment d'indépendance et d'autonomie qui les accompagnera tout au long de leur vie.

Libérer le potentiel de votre enfant

Les enfants sont naturellement curieux, résilients et assoiffés d'apprendre. La méthode Montessori n'incite pas les enfants à grandir précipitamment ; au contraire, elle amplifie leurs capacités naturelles, les orientant vers la réalisation de leur plein potentiel. En offrant aux enfants des occasions de s'engager par eux-mêmes dans des tâches et des activités adaptées à leur âge, nous cultivons dès le début les bases d'une éducation autodirigée parfaitement alignée avec leurs intérêts.

La joie de la découverte

Les enfants sont animés d'une pulsion intrinsèque d'explorer et de comprendre le monde. Ils veulent démystifier le fonctionnement des choses, que ce soit un nouveau jouet ou un simple balai. Montessori encourage les parents à embrasser cette curiosité, à favoriser l'indépendance en laissant les enfants explorer et apprendre à leur propre rythme. Que ce soit pour découvrir la fonction des objets, comprendre comment les choses s'emboîtent, ou la simple expérience de balayer le sol, chaque exploration constitue une avancée vers une compréhension et une indépendance accrues.

Il est important de noter que la compréhension immédiate de la manière dont un objet doit être utilisé n'est pas primordiale. Si vous observez votre enfant utiliser une cuillère pour boire de l'eau ou un balai pour dépoussiérer le mur, laissez-le explorer librement. Tant qu'il ne met personne en danger et ne risque pas de casser ou d'endommager quoi que ce soit, essayez d'observer sans intervenir. Souvent, un simple commentaire peut mettre fin à l'exploration indépendante.

DISCIPLINE ET COMMUNICATION MONTESSORI

La discipline et la communication respectueuses représentent des piliers fondamentaux de l'éducation Montessori. Nous plongeons maintenant dans ces deux aspects, discutant de la manière d'aborder la discipline avec respect et compréhension. Vous découvrirez des stratégies favorisant la coopération plutôt que l'oppression. De plus, nous explorerons l'importance d'une communication claire et empathique avec votre enfant.

Adopter une approche disciplinaire

Intégrer la discipline implique de favoriser l'autodiscipline et la responsabilité chez les enfants. Plutôt que de recourir à des mesures punitives, nous mettons l'accent sur l'importance d'établir des limites claires et de créer un environnement structuré où les enfants ont la liberté de faire des choix dans ces limites définies.

Il est essentiel de modéliser le respect, la gentillesse et la patience, en montrant le comportement que vous souhaitez que votre enfant adopte. La cohérence et les routines établies sont essentielles pour aider les enfants à se sentir en sécurité et à comprendre les attentes. Rediriger un comportement inapproprié vers des alternatives plus adaptées est une autre stratégie précieuse. De plus, la discipline Montessori vise à développer la capacité d'autorégulation de l'enfant, à favoriser son indépendance et à encourager le respect de soi et des autres, contribuant ainsi à un environnement d'apprentissage harmonieux et propice.

Principes clés de la discipline Montessori :

- **Établir des attentes claires :** Fixer des directives précises et claires en matière de comportement pour aider votre enfant à comprendre les limites.

- **Renforcer de manière positive :** Utiliser des éloges et des incitations pour motiver et renforcer un comportement souhaitable.

- **Redirection douce :** Quand nécessaire, plutôt que d'imposer un "NON" rigide et sans alternative, redirigez doucement votre enfant vers des activités ou des comportements plus appropriés.

- **Montrer l'exemple :** Exposer un comportement positif en tant que modèle constructif pour que votre enfant l'émule.

- **Favoriser une communication honnête :** Cultiver un dialogue transparent et ouvert avec votre enfant, lui permettant d'exprimer ses opinions et ses sentiments tout en abordant les questions ou préoccupations qu'il pourrait avoir.

Une approche précieuse consiste à améliorer les compétences en communication de votre enfant. Vous pouvez y parvenir en l'encourageant doucement à répéter ce qu'il vient de demander ou de commenter. Cette pratique simple incite leurs jeunes esprits à ralentir, à articuler à nouveau leurs pensées et à réfléchir à leurs paroles, favorisant une communication plus claire et plus efficace. De plus, exposer vos enfants à d'autres langues ou même introduire le langage des signes pourrait être une excellente idée.

Le pouvoir de l'écoute respectueuse

L'écoute respectueuse et active constitue la pierre angulaire d'une communication efficace. Quand les enfants vivent le respect et l'écoute attentive de leurs parents, ces valeurs s'ancrent en eux. Cette compréhension nouvelle transparaît ensuite dans leurs propres habitudes de communication. Ils commencent à comprendre l'importance d'écouter autrui, encourageant ainsi une culture de conversation respectueuse. Il est crucial de noter que vos actions servent de modèle puissant pour votre enfant, alors maintenir un ton calme et éviter les cris sont des pratiques essentielles.

Expression non-verbale

Les signaux non verbaux, tels que le sourire, le contact visuel et le hochement de tête, jouent un rôle crucial dans la communication. Ces gestes subtils transmettent de l'empathie, de la compréhension et de l'engagement. Quand les enfants observent et vivent ces expressions non verbales de la part de leurs parents, ils apprennent à les intégrer dans leurs propres compétences en communication, enrichissant ainsi leur capacité à se connecter avec les autres. De plus, le langage des signes peut être appris dès le plus jeune âge. C'est une option intéressante à inclure dans l'éducation de vos enfants, car elle favorise non seulement leurs compétences cognitives, mais diminue également la frustration en permettant aux tout-petits qui ne parlent pas encore de se faire comprendre.

La conversation régulière comme expérience de liaison

Des conversations fréquentes et significatives entre les parents et les enfants renforcent non seulement leur lien, mais également la confiance. Utiliser un langage simple et des structures linguistiques claires adaptées au stade de développement de votre enfant garantit que la communication est non seulement significative, mais aussi compréhensible. Lorsque leurs paroles ont du sens et sont reconnues, les enfants sont plus susceptibles d'apprendre et d'incorporer des compétences efficaces de communication dans leurs interactions quotidiennes.

Pinilla, père de deux garçons, partage son approche pour résoudre les problèmes à la maison : *Lorsque des désaccords surviennent, nous encourageons chaque membre de la famille à exprimer ses pensées et ses sentiments de manière calme et respectueuse. L'accent est mis sur l'écoute, la reconnaissance des perspectives de chacun et la recherche d'un terrain d'entente. Cette approche permet non seulement de résoudre les conflits de manière plus harmonieuse, mais elle enseigne également à nos enfants la valeur d'un discours courtois dans leurs propres interactions. C'est un aspect essentiel de notre parcours parental inspiré par la pédagogie Montessori, où nous cherchons à cultiver l'empathie et le respect dans la vie de nos enfants.*

Si l'enfant est encore très jeune et a du mal à exprimer ses sentiments, poser des questions simples auxquelles il peut répondre par oui ou par non peut être utile pour mieux comprendre. Assurez-vous simplement que l'enfant ressent votre considération sincère et laissez-lui savoir que traverser ces moments émotifs est tout à fait normal. Enfin, rassurez-le en lui faisant savoir qu'il a votre soutien, quoi qu'il arrive.

LE VOYAGE MONTESSORI À VENIR

Notre prochaine étape consiste à traverser les différentes étapes du développement de votre enfant, des premières tentatives de ramper à la passionnante transition vers la scolarité. Mais notre voyage ne se termine pas avec la dernière page de ce livre. Nous explorerons également comment maintenir les principes Montessori au-delà des années préscolaires, garantissant que votre enfant continue à s'épanouir à mesure qu'il progresse le long de son chemin éducatif. Ainsi, faites preuve de créativité et reconnaissez que les principes Montessori sont adaptables aux besoins et aux circonstances uniques de votre famille. Avec cette flexibilité, vous avez le pouvoir d'ajuster les instructions que vous trouverez dans ce guide pour les aligner harmonieusement avec votre propre expérience parentale.

CHAPITRE 2 :
MONTESSORI POUR BÉBÉS (DE LA NAISSANCE À 12 MOIS)

L'aventure de la parentalité, dès les débuts, est une entreprise extraordinaire, ponctuée de moments merveilleux, de joie et d'amour. En tant que nouveaux parents, nous sommes investis de la responsabilité profonde de nourrir et guider nos tout-petits à travers les premiers mois délicats de la vie. Dans ce chapitre, nous explorerons l'approche Montessori de l'éducation des bébés, une philosophie qui reconnaît non seulement le potentiel immense de chaque nourrisson, mais offre également un cadre complet pour leur développement. De la création d'un environnement bienveillant pour votre bébé à la célébration de ses premiers pas, nous examinerons comment ces principes peuvent façonner les précieuses premières années de la vie de votre enfant.

MAGIE MONTESSORI POUR NOURRISSONS

Notre collaboration avec Montessori commence dans le berceau, où même les apprenants les plus petits sont accueillis par ses principes. Au cœur de cette philosophie, on trouve la conviction que les nourrissons naissent avec une curiosité innée et une capacité remarquable à apprendre et à s'adapter à leur environnement. Nous explorerons comment ces principes peuvent être intégrés dans la vie quotidienne de votre bébé dès le moment où il ouvre les yeux sur le monde. Des matériaux soigneusement sélectionnés qui stimulent leurs sens à la conception d'espaces favorisant l'exploration, nous parcourrons le processus d'aménagement de votre maison pour correspondre à la méthode. Vous découvrirez comment un environnement soigneusement préparé peut renforcer les tendances naturelles de votre bébé à découvrir et à grandir.

Premiers pas : L'aventure Montessori avec bébé

La quantité de découvertes et d'adaptations que les parents traversent au cours des premiers mois avec leur bébé est impressionnante. Pour cette raison, des histoires réconfortantes de parents qui ont entrepris leur propre voyage dès les premiers jours avec leur nouveau-né seront partagées. Ces récits offrent un aperçu des joies et des défis de l'intégration des principes Montessori dans la routine quotidienne des soins d'un nourrisson. Leurs expériences servent à la fois d'inspiration et de guide pour ceux qui font leurs premiers pas dans le monde de Montessori avec leur bébé.

Ces parents, tout comme vous, ont été initialement attirés par cette méthode en raison de son emphase sur le respect de l'individualité de l'enfant et la promotion de l'amour de l'apprentissage. Leurs parcours sont un témoignage de l'adaptabilité et de l'efficacité des principes de la méthode même pour les membres les plus jeunes de votre famille. Leurs histoires vous inspireront et vous fourniront des conseils pratiques alors que vous vous lancez dans votre propre aventure avec votre bébé.

Nourrir la curiosité des petits esprits

Les principes Montessori ne connaissent pas de limites d'âge ; ils reconnaissent que même les tout-petits possèdent un désir profond d'explorer et d'apprendre. En tant que parents, vous avez le privilège unique de cultiver cette curiosité dès le premier jour. Les nourrissons ont une inclination naturelle à s'engager activement avec leur environnement. Ils observent, touchent, écoutent, et commencent à donner un sens au monde qui les entoure de leur propre manière unique. Offrir des opportunités pour cette exploration est notre rôle en tant que parents, et cela nécessite une observation attentive. Plus nous observons notre enfant avec curiosité et attention, plus nous saurons exactement quoi leur présenter pour encourager une découverte excitante et passionnée du monde.

Plongeons maintenant dans les principes et les pratiques de l'éducation Montessori pour les nourrissons. Nous explorerons comment identifier et nourrir les périodes sensibles chez les bébés, célébrer les étapes marquantes de leur développement, et habiliter vos tout-petits à faire leurs premiers pas vers l'indépendance.

ACCUEILLIR LES PÉRIODES SENSIBLES DE BÉBÉ

La première année est une période d'une sensibilité incroyable et de croissance rapide, pendant laquelle les bébés sont instinctivement attirés par des aspects spécifiques de leur environnement. Dans cette section, nous explorerons comment identifier et cultiver ces périodes importantes dans la vie de votre bébé. Des histoires réelles de parents offriront des perspectives précieuses et des conseils pratiques pour soutenir votre bébé durant ces étapes.

Comprendre les périodes sensibles

Comme discuté dans le Chapitre 1, Maria Montessori a observé que, pendant la petite enfance, les enfants traversent une série de périodes sensibles, chacune marquée par un intérêt intense et une préparation à acquérir des compétences ou des connaissances spécifiques. Ces périodes sont des fenêtres d'opportunité pendant lesquelles le cerveau de l'enfant est câblé pour absorber et maîtriser des aspects particuliers de leur environnement.

Un aspect important des périodes sensibles à souligner est qu'elles sont propres à chaque enfant. Bien qu'il y ait des tendances générales quant à la période à laquelle ces périodes surviennent, le timing exact peut différer. Certains nourrissons peuvent montrer un vif intérêt pour la préhension des objets, tandis que d'autres peuvent être plus axés sur l'exploration visuelle. Reconnaître et répondre aux périodes sensibles individuelles de votre bébé est essentiel.

Identifier les périodes sensibles de votre bébé

La première étape pour accueillir les périodes sensibles est de les identifier dans les comportements et les intérêts de votre bébé. Soyez attentif à ce qui capte l'attention de votre bébé et aux activités auxquelles il participe avec enthousiasme. Voici quelques périodes sensibles courantes et comment vous pouvez les repérer :

- **Exploration sensorielle** : Pendant cette période, votre bébé peut montrer un vif intérêt pour l'exploration de son environnement à travers le toucher, le goût, et le son. Vous les verrez tendre la main pour saisir des objets, mettre tout dans leur bouche, et réagir à différentes textures et sons.

- **Acquisition du langage** : Les nourrissons en période sensible du langage sont particulièrement réceptifs à celui-ci. Ils peuvent se concentrer sur l'écoute de mots parlés, faire des sons de gazouillis, et manifester un intérêt pour les livres ou autres matériaux riches en langage.

- **Développement visuel** : Les bébés peuvent traverser une période sensible à l'exploration visuelle, où ils sont fascinés par les couleurs contrastées, les motifs, et les formes. Ils peuvent passer du temps à regarder des mobiles, des images, ou d'autres objets visuellement stimulants.

- **Compétences motrices fines et globales** : Certains bébés montrent une forte inclination à développer leurs compétences motrices pendant la petite enfance. Ils peuvent travailler sur l'atteinte d'objets, le retournement, ou la tentative de se tenir assis ou de ramper.

- **Interaction sociale** : Bien que les bébés ne soient généralement pas connus pour leurs compétences sociales, certains peuvent entrer dans une période sensible à l'interaction sociale pendant la première année. Ils peuvent devenir plus conscients des visages, des sourires et des signaux sociaux.

Cultiver les périodes sensibles de bébé

Une fois que vous avez identifié les périodes sensibles de votre bébé, la prochaine étape consiste à favoriser et à soutenir leur développement pendant ces phases cruciales. Montessori met l'accent sur l'importance de créer le bon environnement et d'offrir les bons matériaux pour faciliter l'apprentissage et l'exploration.

Par exemple, si votre bébé est dans une période sensible pour l'exploration sensorielle, vous pouvez lui proposer une variété d'expériences tactiles sûres et adaptées à son âge, comme des tissus de textures différentes ou des objets de formes et de tailles variées. Cela leur permet de satisfaire leur curiosité et d'affiner leurs perceptions sensorielles.

Si votre bébé montre un intérêt pour l'acquisition du langage, la lecture de livres ensemble, chanter des chansons et engager des conversations peut être incroyablement bénéfique. Entourez-les d'environnements riches en langage et répondez à leurs gazouillis et roucoulements avec chaleur et enthousiasme.

La stimulation visuelle peut être améliorée en introduisant des images simples et contrastées ou des mobiles dans leur champ de vision. Cela peut captiver leur attention et soutenir leur développement visuel.

Histoires réelles de développement précoce

Pour illustrer davantage l'impact de l'embrassement des périodes sensibles dans la petite enfance, écoutons des parents qui ont vécu ces étapes importantes avec leurs bébés.

Tout d'abord, écoutons la découverte de Sarah concernant sa jeune fille :

Quand ma fille Lily a atteint environ six mois, je ne pouvais m'empêcher de remarquer sa curiosité croissante pour le monde qui l'entourait. Elle semblait particulièrement intéressée à attraper et toucher tout ce qu'elle pouvait attraper de ses petites mains. J'ai donc décidé d'introduire une variété de textures et d'objets dans son temps de jeu. Des tissus doux, des blocs en bois et même un petit plateau rempli de riz non cuit sont devenus ses meilleurs compagnons. La joie qui s'est répandue sur le visage de Lily alors qu'elle se plongeait dans ces aventures tactiles est quelque chose que je chérirai toujours. À travers ces activités simples, non seulement j'ai été témoin de la fascination de Lily pour le monde, mais nous avons aussi forgé un lien plus fort car j'avais l'impression de faire ces découvertes avec elle.

Mark partage l'expérience musicale de son fils :

Vers le premier anniversaire d'Ethan, il est devenu évident que notre fils avait développé une fascination intense pour la musique. Il tapait sur tout ce qu'il pouvait trouver, et ses yeux s'illuminaient au simple son d'une mélodie. C'était une propension naturelle qui semblait jaillir de lui. C'est alors que j'ai décidé de l'orienter vers certains instruments de musique de base, comme un xylophone, un petit clavier et quelques instruments de percussion faits maison. La joie absolue sur le visage d'Ethan alors qu'il créait ses propres sons était un spectacle à voir. En nourrissant son amour pour la musique pendant cette étape de son développement, nous encouragions sa créativité et l'aidions à canaliser son énergie infinie de manière constructive. C'est une expérience gratifiante de voir l'impact de fournir simplement quelques éléments et de voir la magie opérer d'elle-même.

Des gazouillis aux premiers pas

Chaque parent attend avec impatience ces moments magiques dans la vie de leur bébé - le premier pas, le premier sourire, le premier mot. La philosophie Montessori reconnaît ces étapes non seulement comme des moments de célébration, mais aussi comme des étapes essentielles dans le développement de l'enfant. Ces réalisations représentent l'indépendance croissante d'un bébé, sa capacité à interagir avec le monde et ses compétences cognitives et motrices en expansion. Dans cette section, nous explorerons l'importance de ces réalisations et comment encourager le développement moteur et sensoriel. Nous plongerons dans les joies et les défis de voir les premiers triomphes de votre bébé et le rôle que joue Montessori dans la stimulation de ces compétences vitales. Les récits de parents fourniront des témoignages personnels de l'excitation et de l'émerveillement qui accompagnent ces étapes infantiles.

Tout d'abord, replaçons les étapes dans leur contexte. Nous savons que la réalisation particulière d'une étape peut procurer une immense joie aux parents, mais elle peut également susciter beaucoup d'inquiétude et d'anxiété lorsqu'elle ne se produit pas à un moment précis. Parce que nous nous faisons tous des idées sur la manière dont les choses devraient se dérouler, et parce que certains pédiatres peuvent avoir une idée très structurée et rigide de ce qu'un enfant devrait être capable de faire à un âge donné, il est tout à fait naturel que les parents se sentent anxieux à certaines étapes du développement de leur enfant. Lorsque cela se produit, voici un rappel très important : votre enfant est unique, et son chemin l'est aussi! Il y aura des moments où il sera considéré comme "avancé pour son âge" dans un domaine particulier, et "en retard" ou "lent" dans d'autres domaines de sa croissance. Il y aura des moments où il semblera avoir complètement cessé de se développer dans un domaine où il était autrefois considéré comme excellent. Il pourra même sembler avoir régressé à un certain point! Cela est tout à fait normal et vrai pour la plupart, voire tous les enfants de la planète.

Montessori reconnaît ce phénomène et respecte le rythme auquel chaque enfant progresse. Bien sûr, vous pouvez demander des avis professionnels en cas de doute, et il y a certainement des cas où les enfants bénéficieraient des soins particuliers d'un professionnel à un moment donné. Mais rappelez-vous qu'en créant un environnement riche et stimulant qui permet aux enfants d'explorer et d'apprendre librement, et en étant un parent présent et attentionné qui leur fournit tout ce dont ils ont besoin, vous faites déjà ce qu'il y a de mieux pour leur développement le plus sain et le plus efficace. Alors, détendez-vous et profitez du voyage, sachant que le chemin unique de votre enfant n'est pas une ligne droite, et que votre instinct naturel et inné en tant que parent sera toujours là pour guider vos décisions.

ENCOURAGER LE DÉVELOPPEMENT MOTEUR ET SENSORIEL

Passons maintenant à la pratique. L'éducation imprégnée de Montessori met fortement l'accent sur le développement moteur et sensoriel des nourrissons. Voici quelques principes clés à garder à l'esprit pendant que vous guidez votre bébé à travers ses premières réalisations :

- **Liberté de mouvement** : Accordez à votre bébé la liberté de se déplacer et d'explorer son environnement. Créez un espace sûr où il peut s'entraîner à se retourner, à ramper, et éventuellement à faire ses premiers pas. Les principes Montessori découragent l'utilisation de dispositifs de contention tels que les trotteurs et encouragent une progression plus naturelle de la mobilité.

- **Jouets simples et utiles** : Choisissez des jouets et des matériaux simples, esthétiquement plaisants et conçus pour encourager l'exploration sensorielle et les compétences motrices fines. Les jouets inspirés de Montessori comprennent souvent des objets à saisir, des textures à toucher et des objets qui émettent des sons doux.

- **Observer et suivre les indications de votre bébé** : Soyez attentif aux signaux et aux intérêts de votre bébé. S'il montre une fascination pour un objet ou une activité particulière, encouragez et soutenez son exploration. L'éducation Montessori implique d'observer les préférences de votre enfant et de leur offrir des opportunités de s'engager dans des activités qui captent leur curiosité.

- **Sécurité et indépendance** : Créez un environnement sûr pour que votre bébé puisse se déplacer et explorer indépendamment. La sécurisation de votre maison est essentielle pour assurer la sécurité de votre bébé tout en lui permettant la liberté d'apprendre à travers le mouvement et les expériences sensorielles.

Premiers triomphes : récits de parents sur les étapes

Pour vous offrir un aperçu du monde de l'éducation imprégnée de Montessori pendant la première année, voici des histoires de parents qui ont adopté cette méthode et ses principes dans les parcours de leurs nourrissons. Ces récits illustrent l'émerveillement et la fierté qui accompagnent la croissance et le progrès du bébé.

Emma, maman d'un petit de six mois, partage sa joie en observant les premières tentatives de ramper de sa fille :

Dans notre salon, nous avons aménagé un coin avec des tapis moelleux et un miroir, qui est devenu son endroit préféré pour pratiquer ses mouvements. Je peux voir sa détermination et son bonheur grandir à mesure qu'elle apprend à ramper. Bien que parfois j'aie envie de l'aider en faisant les mouvements à sa place, j'ai remarqué que cela ne lui procure pas autant de plaisir, et elle arrête souvent d'essayer peu de temps après. Montessori m'a appris à avoir confiance en ses capacités et à lui offrir la liberté d'explorer à son rythme.

Mark et Sarah, parents de jumeaux, partagent leur expérience de l'exploration sensorielle :

Nos jumeaux sont fascinés par les différentes textures. Quand nous avons remarqué cela, Mark a sorti un vieux tapis de yoga sur lequel il a collé une vingtaine de morceaux de tissus, de tapis, de serviettes, de papier sablé fin, de gazon artificiel, de caoutchouc texturé, etc. Dire que cela fut un succès serait peu dire. Mark l'a également conçu de manière à ce que le tapis puisse être roulé et transporté, ce qui permet aux filles de jouer n'importe où. Cela fait presque trois mois maintenant, et les filles rampent toujours dessus pendant une vingtaine de minutes au minimum, chaque fois que nous le déroulons. Nous sommes fiers de dire que de nombreux amis parents ont également été inspirés par l'idée.

Ces récits de parents illustrent la joie et l'épanouissement qui accompagnent le développement précoce de votre bébé grâce aux principes Montessori et à votre propre créativité pour les adapter à la situation. En suivant l'initiative de votre bébé, en créant un environnement sûr et stimulant, et en célébrant leurs réalisations, vous pouvez embrasser la magie de ces simples lignes directrices pour l'éducation pendant la première année.

STIMULER LA CRÉATIVITÉ CHEZ LES TOUT-PETITS

La créativité ne connaît pas de limite d'âge, et la philosophie Montessori reconnaît l'importance de nourrir la créativité même chez les tout-petits. Ainsi, explorons maintenant des activités conçues pour susciter la créativité chez les nourrissons. Bien que nous fournissions une liste complète d'activités à la fin de ce livre, jetons un coup d'œil rapide à quelques exemples simples pour nous donner une idée de l'esprit qui les sous-tend. Nous allons explorer les avantages de ces activités créatives et fournir des variations simples que les parents peuvent mettre en œuvre à la maison. Les histoires personnelles de parents mettront en lumière les joies et les découvertes de nourrir la créativité chez les plus jeunes membres de la famille.

Avantages de la créativité inspirée par Montessori

Stimuler la créativité dès le plus jeune âge présente de nombreux avantages. Cela encourage le développement cérébral en favorisant les connexions neuronales et la croissance cognitive. Les activités créatives améliorent également la perception sensorielle, les compétences motrices fines et globales, et le développement émotionnel. Lorsque les nourrissons s'engagent dans une exploration créative ouverte, ils développent des compétences de résolution de problèmes, apprennent à faire des choix et renforcent leur confiance en eux.

Créativité simplifiée à la maison

La créativité n'exige ni installations complexes ni matériaux coûteux. Découvrez quelques activités simples et économiques pour éveiller la créativité de votre bébé à la maison :

- **Matériaux sensoriels faits maison** : Confectionnez vos propres matériels sensoriels en utilisant des objets du quotidien tels que du riz, des pâtes ou des morceaux de tissu. Remplissez des contenants avec ces éléments et laissez votre bébé explorer leurs textures.

- **Fournitures artistiques maison** : Préparez votre propre peinture adaptée aux bébés en utilisant des ingrédients naturels comme du yaourt et des colorants alimentaires. Assurez-vous d'utiliser des matériaux non toxiques pour la sécurité de votre enfant.

- **Chantez et dansez** : Partagez des chansons et dansez avec votre bébé. Cette activité renforce le lien parent-enfant tout en encourageant le mouvement et le rythme.

- **Nature à l'intérieur** : Invitez des éléments de la nature à l'intérieur. Disposez une petite plante d'intérieur ou créez un mini-jardin avec des plantes sûres et adaptées aux enfants.

- **Sacs sensoriels** : Créez des sacs sensoriels avec des sacs en plastique transparent refermables remplis de matériaux sûrs tels que du gel coloré, de l'eau ou des perles. Ajoutez des éléments scintillants pour une touche de magie ! Ces sacs offrent une stimulation visuelle et tactile.

- **Lumière et ombres** : Placez votre bébé devant un faisceau de lumière défini pour lui permettre d'expérimenter les ombres. Ils seront captivés par les jeux de lumière et d'ombres sur les murs ou le sol.

Le mot d'ordre ici est *simplicité.* Pas besoin de concocter des activités élaborées ou de réinventer la roue chaque jour pour stimuler les bébés. Rappelez-vous que tout est nouveau pour eux, et une simple boîte vide de mouchoirs en papier peut aisément devenir l'objet le plus fascinant de la maison.

Exploration créative : récits parentaux

Gemma, maman d'un bébé de neuf mois, partage son expérience du jeu sensoriel :

J'ai rempli un récipient peu profond de riz non cuit et j'y ai caché de petits jouets. C'était incroyable de voir à quel point mon bébé était engagé et concentré en explorant le riz et en découvrant des trésors cachés. Je renouvelle les objets dans le riz tous les deux jours environ, et il revient invariablement vérifier le récipient plusieurs fois par jour, impatient de découvrir quel nouvel objet pourrait s'y trouver. Je prends beaucoup de plaisir avec cela, et mon petit garçon aussi!

Joe, un père d'un bébé de sept mois, partage son enthousiasme en observant les premières tentatives de danser de sa fille :

Chaque soir, nous mettons de la musique douce ma femme et moi et tenons les mains de notre bébé tandis qu'elle "danse". Même si elle ne fait rien d'extraordinaire, nous sommes toujours fascinés par elle et impatients de voir ce qu'elle fera ensuite. De temps à autre, elle nous surprend avec un nouveau "mouvement", ce qui nous fait éclater de rire et d'applaudissements. Ce n'est peut-être pas grand-chose, mais cela crée un espace pour qu'elle essaie de nouvelles choses. C'est devenu un rituel familial précieux qui renforce nos liens, encourage l'amour de notre bébé pour la musique et le mouvement, et favorise ses premières expressions créatives.

Ces récits parentaux illustrent la joie et la simplicité de la créativité alignée sur la méthode Montessori pendant la petite enfance. En introduisant le jeu sensoriel, l'exploration artistique, la musique et les promenades en pleine nature dans la vie quotidienne de votre bébé, vous pouvez stimuler leur esprit créatif et préparer le terrain pour un amour durable de l'exploration et de l'expression de soi, tout en créant des souvenirs précieux et mémorables.

MONTESSORI À LA MAISON : UN ENVIRONNEMENT CRÉATIF

Créer un havre Montessori

La maison est l'endroit où l'enfant passe la plupart de son temps. Il est temps de s'enthousiasmer à l'idée d'utiliser votre créativité pour créer le meilleur environnement possible pour votre précieux petit! Dans cette section, nous explorerons l'application de la philosophie Montessori à votre domicile, créant un espace nourrissant et créatif qui soutient l'exploration et le développement de votre bébé. Vous découvrirez des moyens pratiques d'adapter votre maison pour l'aligner avec les principes Montessori, de la conception d'espaces riches en stimuli sensoriels à la sélection de matériaux adaptés à l'âge. Les histoires de parents mettront en avant les transformations remarquables qui peuvent survenir lorsque votre domicile devient un centre d'exploration et de créativité.

Conception d'espaces riches en stimuli sensoriels

Les principes Montessori mettent l'accent sur des environnements riches en stimuli sensoriels, reconnaissant que les nourrissons apprennent à travers leurs sens. Commencez par créer des espaces désignés à l'intérieur de votre maison qui répondent aux sens de votre bébé. Un coin doux et confortable avec des tissus texturés et des livres adaptés à son âge invite à l'exploration tactile. Un miroir bas accroché au mur permet à votre bébé de découvrir sa réflexion, stimulant le développement visuel et la prise de conscience de soi. Un panneau sensoriel sécuritaire avec différentes textures et éléments interactifs permet à votre enfant d'explorer et de jouer sans intervention de votre part, et sans besoin de nettoyage par la suite! Assurez-vous également que ces espaces sont sûrs et exempts de dangers.

Matériaux adaptés à l'âge

Choisissez avec soin des matériaux et des jouets adaptés à l'âge en harmonie avec la philosophie Montessori. Privilégiez les jouets fabriqués à partir de matières naturelles telles que le bois ou le tissu. Optez pour des jouets encourageant l'exploration et la résolution de problèmes, comme des puzzles simples ou des blocs empilables. Variez régulièrement les jouets pour maintenir l'intérêt de votre bébé et éviter la surcharge sensorielle. Limitez le nombre de jouets, mettant en avant la qualité plutôt que la quantité. Une étagère basse avec une sélection réduite de jouets est fortement recommandée, favorisant ainsi l'attrait de chaque jouet et empêchant votre enfant de se perdre au milieu d'un amas chaotique de jouets éparpillés dans la pièce.

Même si votre bébé n'a pas encore commencé à ramper, un coin lecture accueillant encourage non seulement les parents à choisir des livres pour lire avec leur bébé, mais suscite également la curiosité et l'intérêt de l'enfant dès son plus jeune âge. Ainsi, lorsqu'il commencera enfin à explorer son environnement par lui-même, l'étagère à livres deviendra probablement un lieu qu'il fréquentera régulièrement. Assurez-vous que les livres que vous choisissez soient aussi résistants que possible. Les livres avec peu ou pas de texte sont préconisés, car ils incitent les parents à être plus créatifs et interactifs avec leur bébé, tandis que des textes longs risquent de perdre rapidement l'intérêt de votre tout-petit. Les livres texturés sont vivement recommandés, car les bébés et les tout-petits les adorent, et ils favorisent l'exploration tactile et la curiosité.

Lits au sol et indépendance

Envisagez d'utiliser un lit au sol dans la chambre de votre bébé au lieu d'un berceau traditionnel. Un lit au sol offre à votre bébé la possibilité de ramper indépendamment hors du lit, favorisant ainsi un sentiment de liberté et d'autonomie. Si votre bébé a tendance à bouger beaucoup pendant le sommeil et à tomber fréquemment du lit, ce qui peut être source de frustration tant pour le bébé que pour les parents, entourez simplement votre enfant de coussins supplémentaires, d'oreillers ou de couvertures bien ajustées. Ainsi, votre bébé se sentira confortablement contenu tout en conservant la liberté de ramper hors du lit à sa guise. Assurez-vous que la chambre est sécurisée, offrant à votre petit explorateur un environnement sûr pour se déplacer librement.

Décoration neutre et naturelle

Les foyers inspirés par la philosophie Montessori se caractérisent par une décoration neutre et naturelle. Optez pour des couleurs apaisantes dans la chambre et les aires de jeu de votre bébé. Privilégiez des matériaux naturels tels que le bois, le bambou, le jute, l'osier, le coton et la laine plutôt que des matériaux synthétiques ou en plastique. Intégrez des éléments de la nature, comme des plantes d'intérieur, pour connecter votre bébé au monde naturel. Vous pouvez même apporter des éléments du ciel et de l'espace dans la pièce avec des nuages, du soleil, des arcs-en-ciel ou des étoiles faits maison si vous le souhaitez. Les étoiles phosphorescentes au plafond sont un moyen doux de bercer votre bébé au sommeil, car elles sont généralement très tamisées, s'estompent lentement au bout d'une heure et suscitent l'émerveillement et la fascination des tout-petits. Les projecteurs peuvent également créer des moments magiques avant le coucher avec votre enfant. Assurez-vous simplement de ne pas les laisser allumés pendant les heures de sommeil de votre bébé, car leur lumière, leur bruit et leurs champs électromagnétiques peuvent affecter négativement la qualité de leur sommeil. De plus, il est recommandé de ne pas surcharger la chambre de votre bébé avec une montagne de peluches. Moins il y en a, plus il les chérira et les appréciera. Un environnement sans encombrement et organisé facilite un sentiment d'ordre et de clarté.

Récits transformatifs : histoires de parents

Camila, mère d'une petite de sept mois et d'une autre de deux ans, partage son expérience de création de l'aire de jeu de ses enfants :

La principale aire de jeu pour les filles était notre petit salon, où l'on commençait à se sentir drôlement à l'étroit. Nous avons donc décidé de transformer notre studio en une aire de jeu inspirée par Montessori avec des tapis moelleux, des étagères basses remplies de jouets en bois et un magnifique mobile suspendu au plafond. Le changement a été incroyable! En ayant un espace bien défini rien que pour elles, nos bébés sont devenues plus engagées, indépendantes et coopératives dans leur jeu. Ma fille de deux ans est toujours prête à aider sa petite sœur car elle comprend mieux comment les jouets sont censés être utilisés. C'est un plaisir de les voir jouer ensemble! Je suis émerveillée de voir comment un environnement bien préparé peut faire une telle différence. De plus, le salon est maintenant un bien meilleur endroit pour se détendre ensemble ou se concentrer sur des activités qui ne nécessitent aucun matériel, comme danser, chanter, faire de l'exercice, etc.

David, père d'un bébé de neuf mois, parle de son utilisation d'un lit au sol :

Nous sommes passés à un lit au sol lorsque notre bébé a commencé à ramper, et ça a fonctionné à merveille! Quand sa sieste est terminée, il rampe souvent silencieusement hors de son lit et commence à jouer tout seul, ce qui est fantastique selon moi. Je sais que certains parents ne sont pas à l'aise avec l'idée, mais si vous êtes convaincus d'avoir bien sécurisé la chambre de votre bébé, c'est une excellente opportunité pour lui permettre de développer très tôt son autonomie et sa confiance. De plus, j'adore pouvoir me coucher à côté de mon bébé et lui lire des histoires avant de dormir, sans avoir à le déplacer après qu'il se soit endormi. Pour moi personnellement, l'expérience a été cent pour cent positive, et je la recommande fortement aux parents.

Karina, une mère d'un enfant de 18 mois, a fait le choix judicieux d'introduire une plante jade (Crassula ovata) dans la chambre de son bébé :

L'idée d'incorporer une plante jade dans la chambre de mon petit garçon s'est révélée être un grand succès. Initialement choisie pour ses propriétés détoxifiantes afin d'améliorer la qualité de l'air, elle a dépassé nos attentes. J'ai pris le temps avec mon garçon pour lui montrer comment toucher la plante avec précaution, insistant sur sa fragilité. Ensuite, nous l'avons arrosée ensemble, et même caressée, mimant les gestes que je lui avais montrés pour flatter le chien, ha ha! Je pense qu'il comprend maintenant que la plante est également une entité vivante, nécessitant amour et soins comme nous. Désormais, il me montre la plante presque tous les jours, voulant qu'on prenne soin d'elle ensemble. Je suis très fière de voir les premières graines d'empathie et de soins affectueux germer chez mon petit bébé!

Ces récits inspirants de parents soulignent l'impact positif sur votre nourrisson de créer un environnement inspiré par Montessori à la maison. Que ce soit en concevant des espaces riches en stimuli sensoriels, en choisissant des matériaux adaptés à l'âge, en adoptant le lit au sol, en optant pour des couleurs neutres ou en incorporant des éléments de la nature, chaque aspect contribue à une atmosphère qui nourrit la curiosité, l'indépendance et le souci des autres êtres vivants de votre bébé.

Alors que vous vous lancez dans cette aventure Montessori à la maison, rappelez-vous qu'il ne s'agit pas d'atteindre la perfection, mais de progresser. Adaptez les principes aux besoins et aux circonstances uniques de votre famille, et savourez le processus de voir votre bébé s'épanouir dans un environnement qui célèbre son potentiel inné. Votre maison peut devenir un merveilleux lieu d'exploration et d'évolution, où les bases d'une passion pour l'apprentissage et l'autonomie sont posées avec amour.

CHAPITRE 3 :
MONTESSORI POUR LES TOUT-PETITS (12-36 MOIS)

"Parmi les matériels scolaires que les petits enfants apprécient le plus, on trouve les cadres avec deux morceaux de tissu – certains ont des boutons et des boutonnières, d'autres des rubans, des crochets et des yeux, et des boutons de chaussures – et il est ravissant de regarder les tout-petits attacher des boutons et nouer des nœuds avec une concentration énorme."
– Maria Montessori

LES ANNÉES DES TOUT-PETITS : DÉFIS ET OPPORTUNITÉS

En entrant dans le monde des tout-petits, nous nous retrouvons face à un tourbillon de curiosité et d'énergie. Ce chapitre vous présente l'approche Montessori de la petite enfance, offrant des précisions sur la manière dont la philosophie de Maria Montessori s'aligne sur les caractéristiques uniques de ce groupe d'âge.

Maria Montessori a souligné l'importance de favoriser l'indépendance, la découverte de soi et l'amour de l'apprentissage dès les premières années de la vie d'un enfant. Les tout-petits, en particulier, se tiennent au bord de l'indépendance, désireux de déclarer leurs nouvelles compétences. À travers ces pages, nous explorerons ensemble comment les pratiques Montessori peuvent faciliter ce processus, en nourrissant les inclinations naturelles des tout-petits tout en cultivant un environnement qui encourage leur curiosité innée et leur soif de connaissance.

Andrina, mère d'un garçon de trois ans, partage son expérience globale avec son tout-petit :

"Les choses se passent vraiment bien avec notre fils, pour être honnête. Le petit montre une réelle indépendance, se débrouillant tout seul, et s'attaquant même aux puzzles comme un champion. Les astuces disciplinaires de Montessori nous ont été utiles pour gérer les caprices occasionnels. Nous avons à peine ressenti la célèbre "terrible two" dont beaucoup de gens parlent. Dans l'ensemble, c'est une expérience riche et agréable, et mon mari et moi sommes reconnaissants d'avoir un enfant qui répond bien aux directives Montessori."

Dans les sections qui suivent, nous plongerons plus profondément dans les applications pratiques des principes Montessori pour les tout-petits, offrant des conseils sur la mise en place d'un environnement préparé à la maison, la sélection de matériaux adaptés à l'âge, et la promotion d'interactions respectueuses et bienveillantes. L'objectif est de vous armer des connaissances et des outils nécessaires pour entreprendre cette excitante expédition à travers la petite enfance avec confiance, favorisant en fin de compte une base solide pour la maturation et le développement futurs de votre enfant.

Une discipline qui honore le développement de l'enfant

Les tout-petits, caractérisés par leur curiosité insatiable et leur pulsion innée d'exploration, sont vraiment une source d'émerveillement. Ils se trouvent dans une étape de la vie où chaque moment est une opportunité de découvertes, et leur énergie ne connaît pas de limites. Néanmoins, il n'est pas un secret que les tout-petits sont reconnus pour leur inclination à tester les limites. Nous commencerons donc par entreprendre une exploration des principes de discipline Montessori, fournissant un guide pratique pour gérer respectueusement le comportement des tout-petits tout en favorisant leur émergente indépendance et leurs compétences d'autorégulation.

L'approche Montessori de la discipline, enracinée dans le respect et la compréhension, reconnaît que les enfants possèdent une motivation intrinsèque pour l'apprentissage. Elle considère la discipline comme une force qui guide les enfants dans les complexités de leur monde. La philosophie Montessori encourage les parents à assumer le rôle de guides bienveillants, favorisant un sens de responsabilité et d'autodiscipline chez les tout-petits. Les parents peuvent promouvoir le développement de compétences vitales comme la maîtrise de soi et la résolution de problèmes en abordant de manière empathique et patiente les comportements difficiles de leurs tout-petits, tout en comprenant leurs besoins de développement uniques.

Les tout-petits sont en mode d'exploration complète, ce qui signifie qu'ils apprennent les limites en les dépassant. Votre rôle en tant que parents est d'être aussi clair et cohérent que possible, de sorte que le tout-petit qui dépasse une certaine limite s'attend déjà à une réponse de ses parents. Il est également important de noter que le désir de découvrir les conséquences de franchir les limites fait également partie de l'exploration! Ceci est tout à fait normal et naturel et fait partie du processus d'exploration des limites. De plus, les tout-petits sont encore des débutants complets en ce qui a trait à la gestion de leurs émotions, ce qui signifie que les crises de colère et les caprices pour des raisons apparemment futiles sont monnaie courante et inévitables. Regardons à quoi ressemblerait l'application des directives Montessori lorsqu'une crise de colère se produit.

Gérer les crises

Afin d'offrir une réponse empathique et appropriée à un tout-petit traversant une intense décharge émotionnelle, il est important de se rappeler quelques aspects de ce qu'ils vivent.

Tout d'abord, la démonstration intense de leurs émotions signifie que nous avons créé un environnement où ils se sentent suffisamment en sécurité pour exprimer leurs sentiments de cette manière, et cela seul est une victoire pour le parent.

Ce que l'on doit garder en tête au moment de l'intervention, c'est que les tout-petits n'ont pas encore appris à réguler les émotions puissantes qui traversent leur corps. Cela est non seulement nouveau pour eux, mais la puissance même de ces sentiments les laissera parfois complètement submergés et désorientés. Essayer de raisonner avec un tout-petit pendant que les émotions jaillissent de toute part sera souvent vain et contre-productif. Lorsque les enfants sont au milieu d'une crise, tout ce qu'ils perçoivent et comprennent du parent est le type d'énergie qui leur est transmis. S'ils sentent que nous sommes en colère, cela aura pour effet de jeter de l'huile sur le feu et leur donnera encore plus d'émotions à gérer. Nous pouvons rapidement obtenir le silence par l'agression, mais cette façon de gérer les crises favorise des défis émotionnels et psychologiques que nous et l'enfant devrons affronter tôt ou tard.

La seule réponse appropriée est alors d'être aux côtés de l'enfant, de leur faire sentir que nous sommes toujours dans la même équipe, même si le parent est l'élément déclencheur de la réponse émotionnelle en premier lieu. Nous pouvons opter pour une main douce sur leur dos ou leur épaule, une voix douce et rassurante, ou tout ce qui semble naturel dans l'instant. L'idée est de leur donner le sentiment que nous comprenons ce qu'ils traversent, qu'il est normal de se sentir ainsi, que nous serons là tout au long de la crise, et que tout ira bien. Plus nous rendons ce processus de régulation émotionnelle facile pour eux, plus ils y excelleront rapidement, et moins fréquentes et intenses seront ces situations à l'avenir.

Pendant leur détresse, nous pouvons être tentés de changer d'avis et de céder à leurs demandes afin qu'ils arrêtent de pleurer tout de suite, mais cela ne serait pas d'un grand service ni à nous ni à l'enfant à long terme. Ce que les enfants veulent plus que tout, c'est savoir que leurs parents sont forts et aimants quoi qu'il arrive. Et ils veulent avoir des parents qu'ils respectent, bien plus que des parents qui cèdent facilement à leurs demandes. De plus, lorsqu'un enfant se sent en sécurité, soutenu et stimulé à l'intérieur de limites claires établies par les parents, les crises deviennent éventuellement plus rares et relativement faciles à gérer.

Une fois encore, la pédagogie Montessori nous guide pour créer le bon environnement, celui où la magie déjà présente chez l'enfant peut pleinement s'épanouir. Il ne s'agit pas d'en faire davantage pour l'enfant, mais plutôt de faire ce qui est juste, de prendre du recul, et de laisser les choses se dérouler avec une intervention minimale. En fin de compte, cela signifie en faire moins. Voilà la puissance et la simplicité de la méthode Montessori.

Chloé, une mère qui s'est intéressée à la philosophie Montessori il y a quelques années, nous offre un excellent exemple du principe "moins, c'est plus" en matière de communication et de discipline.

Je me souviens de ce jour où il a fait une crise parce qu'il voulait du chocolat avant d'aller se coucher, quelque chose que je n'autorise pas. Il était par terre, pleurant et se débattant comme un fou. Mon vieux réflexe aurait été de me justifier, de le convaincre que sa réaction n'avait aucun sens et de le faire arrêter tout de suite. Mais cette fois, je me suis assise calmement à côté de lui, et j'ai doucement frotté son dos tout en prenant de très grandes respirations. Je respirais un peu plus fort que je ne l'aurais fait si j'avais été seule, afin de l'inviter à se calmer avec moi lorsqu'il se sentirait prêt. Je voulais qu'il sente que même si je ne cédais pas à son désir, j'étais toujours là pour lui.

Au bout de quelques minutes, il a commencé à se calmer et a fini le reste de ses pleurs dans mes bras. Une fois que les pleurs se sont complètement arrêtés et que sa respiration est revenue à la normale, je lui ai demandé d'une voix aimante et douce s'il voulait que je lui lise des histoires au lit avant de dormir. Il a dit oui. Et c'était la fin. J'étais prête à discuter de ce qui venait de se passer avec lui, mais cela ne semblait pas nécessaire.

Même si cela s'est déroulé exactement comme j'en avais l'intention, j'ai été choquée de voir à quel point cette technique simple s'est révélée puissante... et je n'ai pratiquement rien dit! Ce n'est pas toujours aussi simple, bien sûr, mais je pense que la plupart du temps, nous parlons trop, ce qui ne fait qu'aggraver la situation. Je vois maintenant que même si les enfants peuvent ressentir de la colère de ne pas obtenir ce qu'ils veulent, au fond d'eux, ils préfèrent avoir un capitaine de navire inébranlable et confiant en tant que parent plutôt qu'une maman qui dit toujours oui.

Matthew, parent d'un tout-petit, partage son point de vue sur la discipline et les crises :

Les crises avaient l'habitude de nous laisser tous épuisés et déconnectés. Montessori nous a appris à faire preuve de patience et de compréhension. Lorsque notre enfant fait une crise, nous le considérons désormais comme une opportunité de croissance, une chance de les accompagner à travers leurs émotions. Je ne dis pas que tout est désormais parfait, mais nous ne vivons plus ces situations de manière aussi lourde et négative, et nous avons le sentiment de grandir en tant que parents.

En embarquant dans votre périple à travers les années de la petite enfance avec la méthode Montessori, vous développerez une affection plus profonde pour son influence significative sur le comportement et la croissance de votre enfant. En adoptant une philosophie basée sur le respect, l'empathie et la motivation à l'indépendance, vous naviguerez non seulement plus efficacement à travers les défis de la petite enfance, mais vous poserez également des bases solides pour la croissance et l'apprentissage futurs de votre enfant.

DÉVELOPPEMENT DES COMPÉTENCES LINGUISTIQUES ET COMMUNICATION

Le cheminement fascinant du développement linguistique des tout-petits est reconnu comme un élément crucial de la croissance globale selon l'approche Montessori. Les techniques visant à encourager le développement du langage chez ce groupe d'âge mettent l'accent sur la création d'un environnement stimulant, propice à l'exploration et à l'expansion naturelle du vocabulaire.

Création d'un environnement riche en langage

Montessori souligne l'importance capitale d'un environnement imprégné de langage pour les enfants. Entourer votre tout-petit de livres, de conversations et d'expériences axées sur le langage peut considérablement améliorer ses compétences linguistiques. La lecture quotidienne, même pour quelques minutes seulement, les expose à de nouveaux mots et concepts. Optez pour des livres adaptés à leur âge, avec des images vibrantes et des histoires simples et engageantes pour capter leur intérêt.

Les parents sont encouragés à offrir des occasions d'expression personnelle à travers le langage. Encouragez votre tout-petit à partager ses pensées et sentiments, même s'ils commencent tout juste à former des mots. Pratiquez une écoute active et répondez avec enthousiasme ; cela renforcera leurs tentatives de communication. Toutefois, évitez de corriger leur prononciation ou leur grammaire ; au lieu de cela, servez de modèle en répétant lentement et correctement leurs mots et phrases.

Développement du vocabulaire à travers les activités de la vie quotidienne

Les activités pratiques de la vie quotidienne jouent un rôle significatif dans le développement du langage. Impliquer votre tout-petit dans des tâches quotidiennes telles que la cuisine ou l'habillage offre un contexte naturel pour apprendre de nouveaux mots. Utilisez un langage précis et simple pour décrire chaque étape de l'activité, introduisant ainsi un vocabulaire pertinent. Par exemple, lors de la préparation des repas, vous pouvez introduire des mots comme "cuillère", "mélanger" et "remuer".

Amélioration des techniques de communication

La communication efficace est une voie à double sens, et il est crucial de pratiquer une communication claire et empathique avec votre enfant. Maintenez un contact visuel lors de la conversation, utilisez des phrases simples et concises, et faites des pauses pour leur donner le temps de répondre. Encouragez-les à répéter ou à commenter ce qu'ils ont entendu, renforçant ainsi non seulement leur compréhension mais contribuant également au développement de leurs compétences en langage expressif.

Implication parentale et histoires de réussite

Dans ce qui suit, vous trouverez des histoires partagées par des parents qui ont adopté les techniques Montessori pour le développement du langage. Ces anecdotes servent de source d'inspiration, illustrant l'impact positif de la promotion d'un développement linguistique réussi chez les tout-petits. Des premières tentatives de discours cohérent à la participation à des conversations significatives, vous verrez les progrès remarquables qui peuvent être réalisés grâce à l'approche Montessori.

Samantha, un parent Montessori, partage son expérience de l'utilisation de la méthode pour développer les compétences en communication de son enfant :

L'application des méthodes Montessori pour le développement linguistique de notre tout-petit a eu un impact considérable. Montessori m'a enseigné à écouter attentivement, à saluer les efforts de mon enfant et à créer un espace propice à l'expression verbale. Nous avons instauré la lecture interactive quotidienne pour susciter l'expression verbale de notre fils. Il me posait des questions sur les personnages du livre et émettait même des hypothèses sur la suite de l'histoire. Les tâches quotidiennes comme la cuisine ont également été l'occasion d'introduire de nouveaux mots dans sa routine. C'est merveilleux de voir son enfant apprendre si rapidement, sans aucune pression; tout ce que nous avons à faire, c'est fournir une petite étincelle!

Keith partage son expérience des désaccords après avoir adopté la méthode Montessori. Bien que le fils de Keith ne soit plus un tout-petit au moment de cette histoire, elle sert d'exemple pour le type de compétences en communication que nous voulons encourager chez les enfants de tout âge :

Enseigner à notre fils l'écoute respectueuse grâce aux principes Montessori a été une révélation dans notre foyer. Au lieu de disputes occasionnelles qui menaient au cauchemar, nous vivons maintenant des conversations respectueuses. Pendant de nombreux mois, nous avons saisi chaque occasion pour rappeler que le point de vue de chacun est valable et doit être écouté et respecté. Pour illustrer le fait qu'il peut y avoir de nombreuses perspectives possibles sur un sujet, et que bien qu'elles puissent différer, elles peuvent tout aussi bien être valables, j'aime utiliser un simple cube en bois qui a différentes faces colorées. Je le place entre moi et mon enfant et lui demande de me dire de quelle couleur est le cube. Ensuite, je lui dis ce que je vois. Ensuite, je prends le cube et lui dis quelque chose comme : "Tu vois ? Nous pouvons voir des choses différentes, mais nous regardons le même objet. Et chaque situation est exactement comme ce cube : il y a de nombreuses façons correctes mais différentes de le regarder. Donc, la prochaine fois que quelqu'un a une opinion différente de la tienne sur quelque chose, rappelle-toi qu'il voit peut-être simplement une autre face du cube. Cela ne signifie pas que son point de vue est faux, il peut simplement être différent, et cela devient une occasion d'apprendre. Donc, la meilleure chose à faire est toujours d'écouter et d'essayer de comprendre, plutôt que de juger." Je ne sais pas si cette image particulière fonctionnerait pour n'importe quel enfant, mais elle a certainement touché notre fils.

Notre fils a maintenant appris à écouter vraiment nos perspectives et à exprimer calmement ses pensées, sachant que sa perspective sera également écoutée. Cette transformation a non seulement apaisé les conflits mais a également renforcé les liens de notre famille, car nous nous sentons tous écoutés et valorisés.

Je pense que cela fonctionne parce que c'est réciproque. Si nous pensions que le point de vue de nos enfants est moins précieux que le nôtre, parce que nous sommes des adultes, ils le sentiraient immédiatement et les choses tourneraient mal rapidement. Nous devons donc embrasser l'idée nous-mêmes avant de pouvoir l'enseigner à nos enfants. L'accent de Montessori sur les compétences en communication a eu un impact profond sur nos interactions quotidiennes, transformant les désaccords potentiels en occasions de croissance et de compréhension, et nous en sommes extrêmement reconnaissants.

En explorant les stratégies Montessori pour le développement du langage et une communication efficace, vous serez bien équipé(e) pour encourager les compétences linguistiques et sociales de votre tout-petit et soutenir son cheminement vers une communication confiante. Rappelez-vous que chaque enfant progresse à son propre rythme, et la clé est de fournir un environnement riche et encourageant qui leur permette de s'épanouir naturellement.

NOURRIR LA CRÉATIVITÉ ET L'INDÉPENDANCE

L'indépendance, au cœur de la philosophie Montessori, commence à s'enraciner durant les années de la petite enfance.

Cela reconnaît que même les plus jeunes enfants ont le désir inné de faire les choses par eux-mêmes. En nourrissant ce désir, les parents peuvent poser des bases solides pour l'indépendance future de leurs enfants.

Favoriser l'indépendance chez les tout-petits passe par des activités de la vie quotidienne. Conçues pour imiter les tâches quotidiennes des adultes, ces activités permettent aux enfants d'apprendre des compétences de vie essentielles tout en développant un sentiment de responsabilité et de capacité. Par exemple, les tout-petits peuvent apprendre à verser leur propre eau, à s'habiller seuls, ou même à aider à des préparations de repas simples comme étaler du beurre d'arachide sur du pain. Des choses simples, mais aux grandes répercussions.

Bien que ces activités puissent paraître modestes, elles ont un impact profond sur le sentiment de soi des tout-petits. Quand un enfant peut verser sa propre boisson ou boutonner sa propre chemise, une vague de confiance et d'indépendance l'envahit. Ils commencent à se voir comme un individu capable de prendre soin de ses propres besoins.

Un des principes clés des exercices de vie pratique Montessori est d'adapter la taille des activités à celle de l'enfant. Cela signifie choisir spécifiquement des matériaux et des outils qui s'adaptent aux mains et aux capacités de l'enfant. Par exemple, une carafe et un verre à la taille de l'enfant sont beaucoup plus faciles à manipuler que leurs équivalents adultes. Cette approche centrée sur l'enfant permet aux tout-petits de participer à ces activités avec succès et sans assistance.

En tant que parents, voir nos tout-petits faire leurs premiers pas vers l'indépendance est une expérience remarquable. C'est une démonstration du pouvoir des principes Montessori en action. Les parents partagent souvent des histoires de leurs tout-petits versant fièrement leurs propres céréales ou mettant seuls leurs chaussures. Ces moments ne concernent pas seulement la tâche elle-même, mais aussi la confiance et le sentiment d'accomplissement qu'ils insufflent à l'enfant.

Faites la connaissance de Janice, une maman dévouée qui a adopté la philosophie Montessori chez elle. Un jour, elle a vécu une expérience réconfortante qui illustre magnifiquement le pouvoir des principes Montessori dans le développement de l'indépendance et de la créativité de son tout-petit :

En tant que maman, je ne peux pas vraiment décrire le sentiment de voir son enfant faire quelque chose tout seul. Le jour où j'ai surpris mon fils à enfiler ses chaussures sans aide, j'ai ressenti une fierté et une joie telles qu'une larme a glissé sur ma joue. J'ai appelé mon mari pour lui partager l'expérience et j'avais le sentiment puissant que nous prenions la bonne direction en tant que parents. Le choix de la meilleure approche à la naissance de notre fils était délicat, compte tenu des nombreuses options et conseils divergents qui nous ont davantage déconcertés plutôt qu'aidés.

Mon mari et moi avons grandi dans un environnement strict et exigeant où, une fois que notre père décidait qu'il était temps que nous fassions une certaine chose par nous-même, il nous poussait sans relâche jusqu'à ce que nous réussissions. Cette méthode fonctionnait, mais elle était source de beaucoup de stress, de pleurs et de cris. Ce qui nous préoccupait un peu à propos de Montessori, c'était la crainte que, si nous ne poussions pas notre enfant à faire une chose particulière, il ne la ferait jamais. Cependant, en constatant que mon fils, à trois ans, a réussi à nouer ses chaussures tout seul sans demander d'aide, je suis convaincue que nous avons fait le bon choix.

Apprentissage par le jeu inspiré par Montessori

Les tout-petits sont naturellement curieux, et l'éducation Montessori capitalise sur cette qualité innée. Explorons comment l'apprentissage par le jeu inspiré par Montessori peut satisfaire la curiosité et la soif d'apprendre de ces jeunes esprits. Bien que vous trouverez à la fin du livre une liste complète d'activités pour les tout-petits, examinons quelques exemples plus généraux de la façon dont les tout-petits peuvent apprendre par le jeu :

- **Jeu de simulation** : Les tout-petits aiment souvent s'adonner au jeu de simulation, que ce soit en jouant eux-mêmes des scènes d'activités quotidiennes comme dormir et manger, ou en utilisant des poupées et des figurines d'action. Grâce à ces activités, ils explorent les rôles, les relations et les interactions sociales, tout en laissant place au développement de leur imagination et de leur créativité.

- **Construction avec des blocs** : L'édification avec des blocs contribue au développement des compétences motrices fines, à la conscience spatiale et à la résolution de problèmes chez les tout-petits. Ils acquièrent des notions d'équilibre, de symétrie, de gravité, de principes généraux de la physique, ainsi que des relations de cause à effet en érigeant et en démolissant des structures.

- **Art et créativité** : Des activités telles que le dessin, la coloration et la peinture au doigt encouragent la créativité et l'expression de soi. Les tout-petits peuvent explorer les couleurs, les formes et les textures tout en développant leurs habiletés motrices fines.

- **Jeu en plein air** : Jouer à l'extérieur dans une aire de jeux ou un environnement naturel aide les tout-petits à développer des compétences physiques telles que courir, sauter, grimper et rester en équilibre. Cela les expose également à la nature, leur enseignant sur l'environnement et différentes expériences sensorielles.

- **Jeu sensoriel** : Les activités impliquant des matériaux sensoriels tels que le sable, l'eau, la pâte à modeler et les bacs sensoriels aident les tout-petits à explorer leurs cinq sens. Ils apprennent la texture, la température, le poids et comment manipuler différents matériaux.

- **Puzzles et tri** : Les puzzles simples et les jeux de tri aident les tout-petits à résoudre des problèmes et à développer leur cognition. Ils apprennent à reconnaître les formes et les motifs et améliorent leurs compétences d'association.

- **Écoute d'histoires** : Lire des livres ou raconter des histoires aux tout-petits les initie au langage, au vocabulaire et à la structure narrative, favorisant ainsi la littératie précoce et l'amour de la lecture.

- **Jeu musical** : Chanter des chansons, jouer des instruments de musique, ou danser sur de la musique aide les tout-petits à développer le rythme, la coordination et l'appréciation de la musique, tout en encourageant l'expression de soi.

- **Jeu de rôle** : Encourager les tout-petits à adopter différents rôles, comme prétendre être un médecin, un chef ou un pompier, favorise l'imagination et les compétences sociales, les initiant à différentes professions et rôles sociaux.

- **Exploration de la nature** : Se promener dans la nature ou explorer l'extérieur permet aux tout-petits d'apprendre sur le monde naturel, les différentes plantes, insectes et animaux. Ils peuvent également découvrir des concepts scientifiques tels que la cause et l'effet et l'observation.

- **Jeu de marionnettes** : En utilisant des marionnettes ou des animaux en peluche, les tout-petits peuvent créer des scénarios et s'engager dans la narration, améliorant ainsi leurs compétences en communication, leur créativité et leur expression émotionnelle.

- **Cuisine** : Impliquer les tout-petits dans des activités de cuisine ou de pâtisserie simples leur enseigne les mesures, le comptage et le suivi des instructions, les initiant également aux compétences culinaires de base.

- **Jeu d'eau** : Le jeu d'eau dans une baignoire ou avec des tables d'eau permet aux tout-petits d'expérimenter le versement, la flottaison, l'immersion et la mesure, constituant une excellente façon d'enseigner des concepts scientifiques de base reliés à l'eau.

- **Jeux de société pour résoudre des problèmes** : Des jeux de société simples tels que des jeux de mémoire ou des jeux d'association aident les tout-petits à développer des compétences cognitives, y compris la mémoire, la reconnaissance de motifs et la prise de décision.

- **Jeu social** : Jouer avec des pairs et des frères et sœurs aide les tout-petits à apprendre d'importantes compétences sociales telles que le partage, le passage de tours et la résolution de conflits, tout en mettant en pratique la communication et l'empathie.

Ces exemples mettent en lumière le fait que le jeu joue un rôle essentiel dans le développement des tout-petits, favorisant leur croissance physique, cognitive, émotionnelle et sociale. C'est par le jeu qu'ils donnent du sens au monde qui les entoure et acquièrent des compétences précieuses qui posent les bases de leur apprentissage futur.

Aventures en plein air et activités basées sur la nature

En tant que parents, nous sommes souvent émerveillés par la surprise et la curiosité que les tout-petits manifestent envers le monde naturel. Si nous sommes ouverts à cela, c'est une excellente occasion pour nous également de redécouvrir les merveilles de la nature à travers les yeux de notre enfant, mais avec la couche supplémentaire de compréhension que nous offre notre esprit d'adulte. Nous pouvons nous émerveiller à nouveau devant la combinaison infinie de formes, de couleurs et de textures qui nous entoure, en comprenant que tant de processus d'évolution ont dû se produire pour que tout cela prospère!

Nous pouvons être émerveillés par l'intelligence innée et la beauté qui sont présentes dans chaque rocher, plante et créature, créant ainsi d'innombrables scènes d'harmonie et d'équilibre parfait. La nature est l'artiste et l'ingénieur ultime, et les tout-petits intériorisent encore plus ses cadeaux s'ils sont guidés par un parent qui est ouvert et curieux également. En incorporant les principes Montessori et en les vivant aussi en tant que parents, nous pouvons encourager leur sens naturel de l'exploration et favoriser une connexion avec la nature qui durera toute une vie.

Il existe de nombreux avantages au jeu en plein air, qui peut fournir une gamme d'activités passionnantes pour stimuler l'imagination de votre tout-petit. D'une chasse au trésor en pleine nature à une simple exploration du monde naturel présent dans votre jardin, chaque expérience peut aider votre enfant à développer une profonde appréciation du monde qui l'entoure. Passer du temps dans la nature aide également les humains à réguler et équilibrer une myriade de fonctions métaboliques, ce qui est particulièrement bénéfique pour les jeunes enfants qui traversent tant de changements physiologiques et psychologiques en même temps. Plus ils passent de temps à l'extérieur, plus leur qualité de sommeil, de digestion, d'humeur, de concentration mentale et de santé globale se régulent et s'améliorent. Une exposition régulière à la nature est certainement l'un des cadeaux les plus simples et les plus grands que vous puissiez offrir à votre enfant au début de sa vie.

CRÉATION D'UN FOYER BIENVEILLANT

Après avoir rempli nos poumons d'air frais et recalibré nos corps grâce à notre temps précieux passé à l'extérieur, retournons à l'intérieur de notre refuge bien-aimé pour examiner comment optimiser davantage notre espace de vie afin de le rendre encore plus nourrissant pour nos tout-petits.

Emily, une parente Montessori, partage son expérience d'adoption des principes de la méthode dans l'environnement familial :

Transformer notre maison en un espace inspiré par la méthode Montessori a été tout un parcours, et, je dois dire, c'est incroyablement gratifiant. Nous avons observé l'indépendance et la créativité de notre petit prendre réellement vie dans cette configuration. Avec les outils d'apprentissage soigneusement choisis et les meubles adaptés aux enfants, notre maison est devenue un centre d'exploration et de découverte. Mon compagnon de vie n'est pas du tout bricoleur, mais quand nous avons commencé à discuter de la manière dont nous allions transformer notre maison en suivant les directives Montessori, il s'est vraiment impliqué. La plupart de nos discussions le soir tournaient autour de nouvelles idées et de projets de bricolage pour la maison. J'ai été vraiment surprise de sa motivation. Il a regardé des tonnes de vidéos de bricolage, a trouvé les solutions par lui-même, et a fait un travail étonnant pour concrétiser nos projets. Je suis reconnaissante que quelques principes Montessori aient rendu la vie à la maison tellement plus agréable pour tout le monde et soient naturellement devenus une partie intégrante de notre vie quotidienne. Apporter quelques changements judicieux peut vraiment tourner la parentalité en une aventure joyeuse où nous pouvons tous, y compris notre enfant, grandir et apprendre de manière très plaisante.

Les principes Montessori mettent l'accent sur l'importance d'un environnement qui soutient le développement naturel de l'enfant. Voici les considérations clés pour créer un foyer Montessori adapté aux tout-petits :

- **Matériaux d'apprentissage accessibles** : Gardez à portée de main des matériaux d'apprentissage adaptés à l'âge. Cela encourage votre tout-petit à choisir et à s'engager indépendamment dans des activités qui suscitent son intérêt.

- **Meubles adaptés aux enfants** : Des tables, des chaises et des étagères de la taille des tout-petits facilitent l'accès à leurs affaires, favorisant un sentiment de propriété et de responsabilité.

- **Ordre et simplicité** : Maintenez un environnement organisé et sans encombrement. Avoir des espaces désignés pour les jouets et les activités favorise la concentration et enseigne à votre tout-petit la valeur du rangement.

- **Matériaux naturels** : Comme évoqué dans les chapitres précédents, privilégiez des jouets et des matériaux confectionnés à partir de substances naturelles telles que le bois et le tissu. Cela offre des expériences sensorielles riches et favorise la durabilité.

- **Espaces définis** : Créez des zones spécifiques pour différentes activités, telles qu'un coin lecture, un espace artistique ou une station d'activités pratiques. Des espaces clairement définis aident votre tout-petit à comprendre le but de chaque zone et encouragent l'indépendance.

- **Rotation des jouets** : Plutôt que d'offrir à votre enfant une montagne de jouets, envisagez une rotation. Cela maintient un environnement frais et incite à une exploration et une participation plus approfondies.

- **Expression artistique** : Aménagez un coin artistique avec des fournitures facilement accessibles comme des crayons, du papier et des ciseaux sans danger pour les enfants. Encouragez l'expression créative de votre tout-petit à travers l'art.

- **Connexion avec la nature** : Intégrez des éléments de la nature dans votre maison, tels que des plantes d'intérieur ou des œuvres d'art inspirées par la nature. La nature a un effet apaisant sur les enfants et stimule la curiosité et la créativité.

En appliquant les principes Montessori à votre environnement domestique, vous créerez un espace qui inspirera votre tout-petit à explorer, créer et apprendre de manière indépendante. Au fur et à mesure que votre enfant progresse à travers cette étape de développement, disposer d'un foyer aligné sur la philosophie Montessori lui offrira la liberté et le soutien nécessaires pour s'épanouir.

TÉMOIGNAGE PARENTAL

Terminons ce chapitre en explorant l'expérience de Malorie. Elle est la mère de triplés qui a mis en place un coin artistique pour ses enfants afin de stimuler leur créativité et leur liberté. Elle savait qu'encourager l'amour de l'art et de l'expression de soi dès le plus jeune âge était essentiel, et les principes Montessori offraient le cadre parfait pour cette entreprise.

Avec trois tout-petits à la maison, le chaos était souvent à l'ordre du jour. Cependant, Malorie était déterminée à créer un espace dédié où ses enfants, Lily, Max et Ava, pourraient explorer librement leurs talents créatifs. Elle a soigneusement aménagé un coin artistique avec des tables et des chaises adaptées à la taille des enfants, ainsi que des étagères basses remplies de matériel d'art.

La transformation a été remarquable. Les triplés se sont lancés dans leur coin artistique avec un enthousiasme incontrôlable. Ils ont choisi indépendamment leurs matériaux, expérimenté avec des couleurs et des textures, et créé leurs mini-chefs-d'œuvre. Malorie s'est émerveillée de voir comment chacun de ses enfants avait une approche unique de l'art, même à un si jeune âge.

Les principes Montessori ont encouragé Malorie à prendre du recul et à permettre à ses triplés de prendre les devants dans leurs œuvres créatives. Elle a remarqué comment ils gagnaient en confiance à chaque coup de pinceau et étaient impatients de partager leurs œuvres avec quiconque voulait écouter. "La mise en place du coin artistique était comme regarder une mini-révolution chez nous", explique Malorie. "Non seulement cela peut les occuper pendant des heures, mais cela leur a aussi appris la patience, la concentration et la valeur de l'expression de soi."

À mesure que les triplés continuaient à explorer leur coin artistique, Malorie voyait leur indépendance et leur créativité s'épanouir. Cela a pris du temps, mais ils ont finalement appris à ranger par eux-mêmes, à prendre soin de leurs fournitures artistiques, et ont même commencé à s'enseigner mutuellement de nouvelles techniques qu'ils avaient découvertes. "Notre coin artistique est devenu non seulement un lieu de créativité, mais aussi un espace où mes enfants apprennent à s'exprimer, à coopérer et à développer des compétences de vie essentielles."

L'expérience de Malorie avec ses triplés et leur coin artistique inspiré par Montessori démontre l'effet profond qu'un environnement bien conçu peut avoir sur le développement d'un enfant.

Dans le prochain chapitre, nous examinerons de plus près le concept de responsabilité et son importance pour préparer les enfants à leur parcours préscolaire. Nous examinerons comment les principes Montessori permettent aux jeunes apprenants d'embrasser les responsabilités avec confiance et indépendance et fournissent aux parents des informations précieuses sur la manière d'encourager l'autonomie de leurs enfants. L'accent est mis sur l'utilisation de la philosophie Montessori pour poser des bases solides pour la transition vers l'école maternelle et sur la manière dont la méthode peut continuer à façonner et à guider les enfants tout au long de leur parcours éducatif.

CHAPITRE 4 : MONTESSORI POUR LES ENFANTS D'ÂGE PRÉSCOLAIRE (3 À 5 ANS)

J'ai atteint mon objectif si mes paroles vous ont convaincu de tenter par vous-même l'expérience intéressante de visiter l'une de nos écoles pour observer les petits heureux au travail.
– Maria Montessori

Se préparer à l'école et à la vie

Les principes préscolaires Montessori établissent les bases essentielles pour l'apprentissage et le succès tout au long de la vie. À ce stade, les enfants n'acquièrent pas seulement des connaissances académiques, mais ils développent également des compétences de vie cruciales et cultivent un amour profond de l'apprentissage qui leur sera bénéfique dans les années à venir. L'approche centrée sur l'enfant de Montessori favorise l'indépendance, la curiosité et la confiance en soi, veillant à ce que les enfants soient bien préparés pour les défis et les opportunités qu'ils rencontreront à l'école et dans la vie.

L'un des aspects fondamentaux de la maternelle Montessori est l'accent mis sur l'apprentissage autodirigé. Les enfants sont encouragés à explorer leurs intérêts personnels et à s'engager dans des activités qui suscitent leur curiosité. Cette approche rend non seulement l'apprentissage agréable, mais elle inculque également un sens de la responsabilité pour leur éducation, une compétence vitale pour réussir à l'école et au-delà.

LA MATERNELLE MONTESSORI : LA FONDATION DU SUCCÈS

Dans ce chapitre, nous discuterons des principes Montessori appliqués aux enfants de trois à cinq ans. Bien que je fasse souvent référence aux maternelles Montessori, les mêmes principes s'appliquent lorsque les parents pratiquent le Montessori à la maison pour leur enfant d'âge préscolaire.

Les maternelles Montessori créent un environnement qui favorise l'autonomie. Les enfants apprennent à faire des choix, à résoudre des problèmes et à assumer la responsabilité de leurs actions. Ces compétences seront inestimables à mesure qu'ils progresseront dans leur parcours éducatif et entreront finalement dans le monde en tant qu'individus confiants et autonomes.

Les témoignages de parents offrent des perspectives inspirantes sur l'impact profond des expériences préscolaires Montessori. Ils partagent comment la curiosité de leurs enfants a été allumée, comment ils ont développé une forte éthique de travail et comment ils ont prospéré sur le plan académique et social. Ces récits témoignent de l'efficacité de l'approche Montessori dans la préparation des enfants au succès.

En explorant les principes et les pratiques de la maternelle Montessori dans ce chapitre, vous comprendrez mieux comment cette fondation prépare le terrain pour une vie entière de réussite et d'épanouissement. Que vous soyez un parent envisageant la maternelle Montessori pour votre enfant ou cherchant à mieux comprendre ses avantages à long terme, les histoires et les idées partagées ici éclaireront le pouvoir transformateur de cette philosophie éducative.

Audrey, une mère Montessori, partage son histoire :

En tant que mère d'un enfant vif et curieux, j'étais déterminée à offrir le meilleur départ possible au parcours éducatif de ma fille. C'est alors que j'ai découvert les merveilles de la maternelle Montessori. Je ne savais pas à quel point cela façonnerait positivement son chemin vers le succès.

Dès que ma fille a mis les pieds dans sa maternelle Montessori, j'ai pu voir la différence. La salle de classe était un environnement captivant rempli de matériaux qui demandaient à être explorés. Mais ce n'était pas seulement les matériaux ; c'était la philosophie et le personnel derrière eux qui faisaient vraiment toute la différence.

Dans la classe, ma fille était encouragée à suivre ses intérêts et ses passions. Elle pouvait choisir ses activités, plonger profondément dans des sujets qui la fascinaient et définir son propre rythme d'apprentissage. Cette approche lui a enseigné une compétence fondamentale : la capacité de prendre en charge son éducation.

Dès son plus jeune âge, elle a appris à être responsable de ses tâches, à ranger après elle-même et à travailler en collaboration avec ses pairs. Ces compétences se sont traduites par une forte éthique de travail, des capacités remarquables de résolution de problèmes et un impressionnant sentiment d'assurance en elle-même.

Elle est entrée à l'école maternelle avec un engouement intense et un véritable amour de l'apprentissage qui la démarquaient de ses pairs. Ses professeurs étaient émerveillés par sa confiance, sa curiosité et son leadership dans les activités de groupes.

Aujourd'hui, en regardant ma fille exceller à l'école et aborder les défis avec grâce et détermination, je ne peux m'empêcher de créditer son expérience en maternelle Montessori. Ce n'était pas simplement un tremplin ; c'était la fondation sur laquelle elle est devenue une force positive dans sa communauté.

Les principes Montessori ont façonné le parcours éducatif de ma fille, mais aussi son caractère. Je suis extrêmement reconnaissante pour l'impact profond que l'école a eu sur sa vie, et je la recommande vivement à tout parent cherchant à préparer leurs petits pour un avenir rempli de promesses et de réalisations.

Indépendance, responsabilité et autodirection

Dans les maternelles Montessori, les enfants bénéficient d'un degré d'autonomie qui pourrait surprendre certains parents. Ils ont la possibilité de choisir leurs propres activités et de travailler à leur propre rythme. Ce niveau de liberté favorise un sentiment de responsabilité et d'autodirection qui devient inestimable à mesure qu'ils progressent dans leur parcours éducatif.

Les enfants de maternelle Montessori apprennent rapidement à gérer leur temps, à organiser leur espace de travail et à prendre des décisions sur ce qui les intéresse le plus. L'acte de choisir, que ce soit pour sélectionner un puzzle particulier, un livre, ou un projet créatif, les encourage à penser de manière critique, à établir des priorités et à prendre en charge leur apprentissage.

Encourager les enfants à exercer leur liberté de choix est étroitement lié au fait que cette liberté est assortie de certaines responsabilités. Par exemple, il est important d'enseigner aux enfants qu'après avoir terminé de jouer ou d'utiliser un jeu, ils doivent laisser tout organisé ou correctement installé pour que le prochain enfant puisse l'utiliser.

Cet accent sur la considération sociale favorise un mélange de liberté et de responsabilité, permettant à la fois la conscience sociale et l'autodirection chez les enfants. À mesure qu'ils deviennent familiers avec ces routines, ils prennent progressivement en charge leurs actions, établissant un équilibre entre leurs choix personnels et les besoins du groupe. Cette approche joue un rôle crucial dans la formation d'individus responsables et socialement conscients.

La transition de la maternelle Montessori vers l'éducation conventionnelle

Le passage de la maternelle Montessori à un environnement éducatif plus traditionnel marque une étape cruciale dans le parcours académique d'un enfant Montessori. Compréhensiblement, un parent peut avoir des inquiétudes sur la facilité avec laquelle leurs enfants feront cette transition. Cependant, il est vraiment remarquable de constater à quel point les ''diplômés'' de la maternelle Montessori font généralement ce saut de manière fluide et sans accroc. Leur expérience avec la méthode Montessori leur confère un ensemble solide de compétences de vie, notamment l'indépendance et la motivation intrinsèque. Ces compétences ne sont pas seulement précieuses ; ce sont des atouts essentiels lorsqu'ils relèvent de nouveaux défis au sein d'environnements éducatifs plus conventionnels.

Ce qui caractérise les enfants Montessori, c'est leur curiosité insatiable et leur désir autonome d'explorer et d'acquérir des connaissances. Cet amour authentique de l'apprentissage devient une caractéristique qui stimule de manière exponentielle leur éducation, permettant un développement complet à chaque période sensible. De plus, leur autonomie leur confère la confiance nécessaire pour aborder de nouveaux sujets ou tâches avec un incroyable sentiment d'appropriation et de résilience.

Il est important de mentionner que l'enfant devra inévitablement s'adapter à certains changements dans la manière dont les choses sont faites dans les établissements traditionnels. Le changement le plus notable est peut-être la rigidité des horaires et des délais auxquels les enfants Montessori, habitués à apprendre à leur propre rythme, devront s'habituer. Cela peut sembler être un obstacle important à première vue, mais la plupart des enfants le vivent plutôt de manière positive. Ayant déjà développé une forte confiance en soi et une capacité d'adaptation, de tels changements sont souvent accueillis par les enfants comme une nouvelle manière excitante de tester leurs compétences et une force motivante pour s'améliorer dans certains domaines. Une fois de plus, la polyvalence d'une éducation Montessori se révèle être un atout inestimable.

La transition d'un type d'école à un autre n'est pas simplement une question d'adaptation ; c'est une opportunité et un défi qui permettront à vos enfants de s'épanouir, armés d'outils forgés dans leurs propres foyers.

MONTESSORI POUR LA VIE

Pour illustrer l'impact durable des principes Montessori, examinons quelques célèbres apprenants Montessori tout au long de leur vie (Anthony, 2023) :

Jeff Bezos, PDG d'Amazon, est une étude de cas convaincante mettant en évidence l'impact profond d'une éducation Montessori. Sa mère, comme rapporté dans The Wall Street Journal, a exprimé comment Bezos a grandement bénéficié des opportunités d'apprentissage autodirigé qu'offre une classe Montessori.

Gabriel García Márquez, auteur lauréat du prix Nobel, reconnaît que son éducation Montessori a joué un rôle crucial dans le développement de sa passion pour l'écriture. Il est célèbre pour avoir exprimé ce sentiment : "Je ne pense pas qu'il y ait une meilleure méthode que Montessori pour nourrir la sensibilité des enfants aux merveilles du monde et pour éveiller leur curiosité sur les mystères de la vie."

Dakota Fanning, reconnue comme la plus jeune nominée de l'histoire aux Screen Actors Guild Awards, a mentionné qu'elle a acquis des compétences en lecture à l'âge de deux ans pendant son séjour dans une école Montessori.

Taylor Swift, artiste lauréate d'un Grammy Award, célébrée dans le domaine de la musique country et pop, a reçu son éducation primaire dans une école Montessori. Elle est reconnue pour incarner les attributs d'indépendance, de conscience de soi et de créativité qui sont cultivés dans l'environnement éducatif Montessori.

Ces histoires soulignent l'impact continu de l'éducation Montessori, qui s'étend bien au-delà des années préscolaires. Les principes de la méthode inculquent aux enfants un amour de l'apprentissage tout au long de leur vie, la capacité à s'adapter à de nouveaux environnements et la confiance nécessaire pour poursuivre leurs passions.

En tant que parent, vous pouvez contribuer à cultiver ces valeurs dans la vie de votre enfant, que ce soit pour son premier jour de préscolaire ou pour sa progression vers l'enseignement supérieur. L'idéologie de Maria Montessori est une compagne de toute une vie dans le voyage de la découverte de soi et de la croissance personnelle.

EXPLORER LA SCIENCE ET LA NATURE AVEC DE JEUNES SCIENTIFIQUES

L'éducation Montessori met l'accent sur les activités scientifiques et naturelles en tant que catalyseurs pour nourrir la curiosité naturelle d'un enfant. Dans cette approche, la science ne sert pas seulement de sujet, mais aussi de moyen de développer un intérêt profond pour comprendre le monde qui nous entoure.

Les activités ci-dessous sont soigneusement conçues pour encourager l'exploration pratique et l'observation attentive. En utilisant divers matériaux et outils, les enfants sont incités à interagir directement avec le monde naturel, que cela implique l'examen des feuilles, l'exploration du cycle de vie d'un papillon ou l'expérimentation avec les propriétés de l'eau.

Activités scientifiques et nature

Une expérience captivante est l'expérience du "lait magique". Les enfants peuvent préparer une assiette peu profonde de lait entier et y ajouter quelques gouttes de colorant alimentaire. Ensuite, en utilisant un coton-tige trempé dans du liquide vaisselle, ils peuvent toucher la surface du lait. Cette expérience simple démontre la réaction entre le savon et les molécules de graisse dans le lait, faisant tourbillonner et mélanger les couleurs et créant une présentation fascinante de la science en action.

De plus, les enfants peuvent explorer le monde de la botanique en plantant des graines, en prenant soin des plants et en observant la croissance des plantes. Cette expérience pratique leur apprend les cycles de vie des plantes, la responsabilité et l'importance de prendre soin des organismes vivants. De plus, l'observation des oiseaux reste une activité chérie, où les jeunes installent des mangeoires pour attirer et observer différentes espèces d'oiseaux, approfondissant ainsi leur compréhension de la faune et de l'écologie.

Une autre activité passionnante implique l'utilisation de bicarbonate de soude et de vinaigre. Les enfants peuvent mélanger une petite quantité de bicarbonate de soude avec du vinaigre blanc dans un récipient. La réaction chimique qui en résulte produit de l'effervescence et des bulles, montrant la libération de gaz carbonique. Cette expérience introduit non seulement les réactions chimiques de base, mais incite également l'enfant à comprendre qu'il existe des phénomènes magiques à découvrir.

Les journaux de nature et l'art en plein air encouragent l'expression créative tout en permettant aux enfants de documenter leurs expériences et observations en plein air.

En résumé, les activités scientifiques et naturelles offrent une approche holistique de l'apprentissage, stimulant la curiosité, la pensée critique et une connexion plus profonde avec la nature. Ces activités offrent de nombreuses opportunités aux enfants pour explorer, expérimenter et découvrir la beauté et l'émerveillement du monde qui les entoure.

Favoriser l'exploration pratique et la découverte

Un élément clé de l'approche Montessori réside dans le développement des compétences essentielles d'observation et d'inférence chez les enfants. Ces derniers apprennent à observer attentivement leur environnement et à tirer des conclusions logiques de leurs observations. Ces compétences, qui sont à la base de l'investigation scientifique, renforcent également les capacités de pensée critique, allant au-delà des limites de l'exploration scientifique.

En tant que parents, vous avez le pouvoir d'encourager vos enfants à suivre leurs propres centres d'intérêt et à poser des questions, offrant ainsi une expérience d'apprentissage personnalisée et profondément captivante. Cette approche nourrit une authentique soif de comprendre le monde, tandis que les enfants explorent des sujets qui les passionnent réellement.

De plus, ces activités s'intègrent harmonieusement à d'autres aspects de l'éducation de votre enfant, permettant ainsi aux compétences développées en sciences d'être appliquées dans divers domaines de connaissance, notamment l'histoire, le langage et les mathématiques. Cette approche interdisciplinaire améliore l'expérience éducative globale de votre enfant en favorisant des liens significatifs entre différents domaines de l'éducation.

En tant que parents, il est important de reconnaître que l'apprentissage s'étend au-delà de la salle de classe, la nature elle-même servant de cadre éducatif dynamique. Les aventures en plein air et les études de la nature devraient constituer des composants essentiels de l'éducation de votre enfant, favorisant ainsi le développement d'une profonde affection pour l'environnement et d'un sens de responsabilité envers sa préservation.

Aventure scientifique

Hanna, mère d'une fillette de sept ans, partage une anecdote sur la manière dont sa fille a utilisé ses connaissances scientifiques de base pour sauver un papillon :

Observer ma fille sauver délicatement un papillon fragile un après-midi pluvieux a été un moment qui m'a profondément marquée. Alors qu'elle berçait la créature délicate entre ses mains, ses yeux étaient empreints d'empathie et sa voix teintée d'excitation.

Elle remarqua que les papillons ne pouvaient pas voler lorsque leurs ailes étaient mouillées, une leçon qu'elle avait apprise grâce à ses observations en nature. Elle m'appela, "Maman, les ailes du papillon sont mouillées! Il ne peut pas voler comme ça." Sa préoccupation était si sincère; j'en fus touchée. Elle ramena le papillon à l'intérieur de la maison et commença à fabriquer une petite maison, c'était plutôt comme une pièce aménagée à l'intérieur d'une boîte. Elle utilisa des serviettes en papier pour faire un lit où elle déposa le papillon, ajoutant même un morceau de biscuit Oreo!

Quand je lui ai demandé ce qu'elle faisait, elle m'expliqua que le papillon avait besoin de se reposer, c'est pourquoi elle essayait de lui créer une chambre: ainsi, il pouvait attendre que la pluie passe pour voler à nouveau lorsque ses ailes seraient sèches.

DÉVELOPPER LES MATHÉMATIQUES, LE LANGAGE ET LES ARTS

Les mathématiques

Les mathématiques jouent un rôle fondamental dans le développement des compétences de vie des enfants d'âge préscolaire, préparant le terrain pour qu'ils deviennent finalement des adultes pleinement indépendants et prospères. Voici plusieurs raisons pour lesquelles les mathématiques sont cruciales pendant cette période formatrice :

- **Développement des compétences en résolution de problèmes** : Les mathématiques encouragent le développement de compétences critiques en résolution de problèmes. Des simples comptages et arithmétiques de base aux concepts mathématiques plus complexes, les enfants apprennent à analyser des situations, prendre des décisions et trouver des solutions, des compétences essentielles dans diverses situations de la vie.

- **Pensée logique et raisonnement** : Les mathématiques inculquent la pensée logique et les capacités de raisonnement. Les enfants apprennent à identifier des modèles, à faire des connexions et à penser logiquement, des compétences essentielles pour la prise de décision et la résolution de problèmes dans la vie quotidienne.

- **Numératie pour des tâches quotidiennes** : Les compétences en numératie, comprenant la compréhension des nombres et des quantités, sont cruciales dans des tâches quotidiennes telles que la budgétisation, les achats et la gestion du temps. Ces compétences fondamentales sont cruciales pour l'indépendance financière et la gestion du temps en tant qu'adultes.

- **Compréhension des mesures et des unités** : Comprendre les mesures et les unités est essentiel pour des tâches quotidiennes comme la cuisine, les projets de bricolage et le suivi des instructions. Les enfants apprennent sur la longueur, le poids, le volume et le temps, des concepts utilisés tout au long de leur vie.

- **Conscience spatiale et interaction avec le monde physique** : Les concepts mathématiques tels que les formes, les tailles et les relations spatiales sont importants pour comprendre et interagir avec le monde physique. Ces compétences sont précieuses pour la navigation, la construction et les tâches de conception.

- **Les mathématiques comme langage universel** : Les mathématiques sont un langage universel qui transcende les barrières culturelles et linguistiques. La maîtrise des mathématiques permet aux individus de communiquer et de travailler efficacement dans un monde globalisé.

- **Littératie technologique dans le monde moderne** : À l'ère moderne, la technologie est intimement liée aux mathématiques. Comprendre les principes mathématiques est essentiel pour utiliser des outils numériques, des ordinateurs et diverses applications, éléments cruciaux pour la réussite éducative et professionnelle.

- **Préparation à l'apprentissage avancé et aux opportunités éducatives** : La maîtrise des concepts mathématiques précoces ouvre la voie à la réussite dans des domaines plus avancés des mathématiques, des sciences et de la technologie. Cela ouvre des portes à un large éventail d'opportunités éducatives et professionnelles.

- **Littératie financière pour la gestion monétaire** : Les compétences mathématiques de base sont cruciales pour la littératie financière. Les enfants qui comprennent les concepts mathématiques sont mieux équipés pour gérer l'argent, prendre des décisions financières éclairées et planifier leur avenir financier en tant qu'adultes.

- **Indépendance et autonomie grâce aux mathématiques** : Les mathématiques donnent aux enfants les moyens de devenir indépendants et autonomes. Cela leur fournit les outils pour calculer, mesurer et résoudre des problèmes par eux-mêmes, réduisant ainsi la dépendance envers autrui pour des tâches de base.

- **Développement cognitif amélioré** : S'engager avec les mathématiques améliore le développement cognitif, y compris la mémoire, l'attention et la concentration, des compétences de vie précieuses pour l'apprentissage et la productivité.

En résumé, les mathématiques cultivent des compétences en résolution de problèmes, en pensée logique et en numératie qui sont essentielles pour la vie quotidienne, le succès professionnel et la croissance personnelle. En favorisant une base mathématique solide dès la petite enfance, les enfants sont mieux préparés à relever les défis de l'âge adulte et à devenir des individus autonomes et capables. La philosophie Montessori reconnaît l'importance des mathématiques et propose donc une large gamme d'activités ludiques conçues pour cultiver ces compétences mathématiques dès le plus jeune âge.

Chaque jeu et activité présent à la fin du livre offre une approche pratique de l'apprentissage, alliant divertissement et éducation pour favoriser le développement de compétences mathématiques et linguistiques essentielles chez les enfants. En fonction des intérêts et des besoins de votre enfant, vous avez la possibilité de les intégrer dans votre routine quotidienne ou de leur consacrer des séances d'apprentissage spécifiques.

Le langage en tant que fondement de l'apprentissage

Le langage est le principal moyen par lequel la connaissance est acquise. La communication et les compétences linguistiques efficaces sont essentielles pour réussir à l'école et dans les poursuites académiques ultérieures. Les enfants qui peuvent s'exprimer efficacement sont mieux équipés pour comprendre et apprendre de nouveaux concepts. Pour motiver et inspirer les parents à créer un environnement riche en langage pour les enfants, voici quelques raisons pour lesquelles la communication est si importante :

- **Interaction sociale** : Une communication efficace est vitale pour construire et maintenir des relations. À travers les interactions avec les pairs, les enseignants et la famille, les enfants développent des compétences sociales, de l'empathie et de la coopération, essentielles pour des relations sociales saines à l'âge adulte.

- **Expression émotionnelle** : Le langage offre un moyen aux enfants d'exprimer leurs pensées, leurs sentiments et leurs émotions. Cela les aide à gérer le stress, à résoudre les conflits et à développer l'intelligence émotionnelle, cruciale pour le bien-être mental et émotionnel à l'âge adulte.

- **Résolution de problèmes et pensée critique** : À travers le langage, les enfants apprennent à articuler leurs pensées et leurs idées, une étape cruciale dans la résolution de problèmes et la pensée critique. En grandissant, ils peuvent utiliser ces compétences pour aborder des problèmes complexes et prendre des décisions éclairées.

- **Compétences en lecture et en écriture** : La littératie est une compétence de vie fondamentale. Les compétences linguistiques acquises pendant la petite enfance servent de base à la lecture et à l'écriture, permettant aux enfants d'accéder et de communiquer des informations, essentielles pour la croissance personnelle et le développement professionnel.

- **Compétences d'écoute** : La communication efficace est une rue à double sens, et l'écoute est aussi cruciale que la parole. Les enfants qui développent de solides compétences d'écoute sont mieux équipés pour comprendre les instructions, apprendre des autres et collaborer efficacement avec leurs collègues à l'âge adulte.

- **Résolution de conflits** : Le langage et la communication permettent aux enfants d'exprimer leurs préoccupations et de résoudre les conflits de manière non violente. Ces compétences sont inestimables pour gérer les différends dans les relations personnelles et professionnelles à l'âge adulte.

- **Compétences sur le marché du travail** : Dans le monde

professionnel, la communication efficace est souvent citée comme une compétence clé recherchée par les employeurs. Être capable de transmettre des idées, de collaborer avec des équipes et de communiquer clairement avec des clients et des collègues est crucial pour le succès professionnel.

- **Conscience culturelle et diversité** : Les compétences linguistiques favorisent la compréhension de différentes cultures, langues et perspectives. Cette conscience est essentielle pour naviguer dans une société mondiale diverse et interconnectée.

- **Plaidoyer et auto-expression** : Le langage donne aux individus le pouvoir de plaider en leur faveur, d'exprimer leurs besoins et leurs désirs, et de défendre leurs droits. Cela est crucial pour l'auto-plaidoyer, le leadership et l'engagement civique à l'âge adulte.

- **Créativité et innovation** : Le langage favorise la créativité en permettant aux individus d'exprimer et d'explorer des idées. C'est un outil pour l'innovation et la résolution de problèmes dans divers domaines, des arts aux sciences et à la technologie.

En plus de présenter une liste complète d'activités pour le développement du langage à la fin du livre, je souhaite également rappeler aux parents l'importance de leur rôle dans la formation des compétences linguistiques et de communication de leur tout-petit. Durant les premières années de leur vie, la majorité des informations communiquées aux enfants provient des adultes qui s'occupent d'eux. La manière dont ces informations sont transmises constitue le modèle qu'ils auront tendance à reproduire lorsqu'il sera temps d'exprimer leurs idées, besoins et sentiments. En tant que parents, cela représente une excellente opportunité pour perfectionner nos propres compétences en communication, sachant à quel point il est crucial de donner le bon exemple à nos enfants. J'encourage les parents à entreprendre ce défi, non pas comme un devoir anxiogène motivé par le remord ou la culpabilité, mais comme une opportunité passionnante de cultiver des compétences qui amélioreront de nombreux aspects de leur vie, ainsi que celle de leurs enfants, et leur fourniront une trame de communication solide pour toute une vie.

Cultiver l'expression artistique et la créativité

Encourager les inclinations artistiques des enfants va au-delà de les inciter à créer des images esthétiquement plaisantes ; il s'agit de développer des compétences et des qualités essentielles qui leur seront bénéfiques tout au long de leur vie. La créativité pousse les enfants à voir le monde sous des angles différents, à explorer diverses solutions et à penser de manière originale. Ces compétences sont fondamentales pour la résolution de problèmes futurs dans n'importe quel domaine. À mesure que les enfants voient leurs compétences artistiques se développer et que leurs créations prennent forme, leur confiance en soi reçoit un coup de pouce significatif. Cette nouvelle confiance peut déborder sur d'autres aspects de la vie, les incitant à relever de nouveaux défis avec courage. De plus, les arts et l'artisanat impliquent souvent des mouvements précis, ce qui aide à améliorer les compétences motrices fines ; celles-ci sont essentielles pour des tâches telles que l'écriture ou la manipulation de petits objets.

S'engager dans les arts et l'artisanat permet aux enfants d'apprécier la beauté du monde qui les entoure. Cette conscience esthétique enrichit leur vie en les aidant à voir et à savourer la beauté en chaque petite chose. De plus, l'art expose les enfants à diverses cultures, traditions et époques historiques. Ils peuvent explorer le monde à travers différents styles artistiques, acquérant ainsi des perspectives plus larges sur la créativité et la diversité humaines.

Enfin, l'art est un merveilleux moyen par lequel votre enfant peut apprendre à canaliser ses émotions et ses sentiments dans une créativité positive. Plus ils l'utilisent à ces fins, plus ils gagneront en confiance et se permettront d'être vulnérables d'une manière qui n'est pas seulement acceptée dans la société, mais aussi célébrée. Les artistes connus ont généralement commencé à exprimer leur monde intérieur à travers l'art dès un très jeune âge. Vous pouvez offrir à vos enfants le cadeau de créer un environnement où l'expression artistique authentique est sûre et encouragée, préparant le terrain pour toute entreprise artistique mature qu'ils pourraient décider d'amorcer plus tard dans leur vie.

TÉMOIGNAGES PARENTAUX

Pour conclure ce chapitre, écoutons les témoignages de quelques parents sur la manière dont leurs enfants ont découvert et réussi de nouvelles activités.

Tim partage l'expérience de son fils dans la découverte de nouveaux domaines artistiques :

Mon fils a découvert son amour pour la sculpture. Sa créativité n'a pas de limites alors qu'il façonne des pièces complexes avec de l'argile. À chaque nouvelle information qui lui parvient au cours de la journée, une petite voix dans sa tête semble demander : "Est-ce que je peux intégrer ça à l'argile?" L'autre jour, alors que j'entrais dans sa chambre pour lui annoncer que le déjeuner était servi, il était en train de compléter une série de figures géométriques qu'il avait aperçue quelque part, du triangle jusqu'à l'octogone! Ils étaient tous là, et les angles des figures étaient étonnamment précis. Je suis reconnaissant que mon fils ait trouvé une manière positive d'exprimer ses talents créatifs. Les œuvres artistiques qu'il ramène à la maison ne cessent de nous émerveiller.

Charles parle du parcours linguistique de son fils :

Les activités linguistiques suggérées par son programme Montessori ont transformé mon fils en un passionné de langues. Avec enthousiasme, il partage de nouveaux mots et phrases qu'il apprend à l'école, et nos conversations à table lors du dîner sont devenues un échange linguistique délicieux. Il s'est récemment ouvert à l'idée d'apprendre d'autres langues, ce que j'ai d'abord pris comme un mélange de joie et d'anxiété, car je ne parle moi-même qu'anglais et je me demandais si j'allais être à la hauteur pour le soutenir dans son projet. Mais en "pensant Montessori", je me suis rappelé que mon rôle n'est pas de lui enseigner une nouvelle langue, mais de créer un environnement propice où cela peut se produire, et de fournir les outils nécessaires ainsi que le soutien émotionnel pour qu'il fasse sa propre expérience. Cette pensée a immédiatement transformé mon anxiété en enthousiasme, et j'étais impatient de discuter avec mon fils de la manière dont nous allions mettre cela en place.

Il apprend le japonais depuis quatre mois maintenant et reste très motivé sans que j'aie à intervenir pour le maintenir sur la bonne voie avec son programme. Je ne sais pas s'il parlera couramment la langue un jour, mais je sais qu'à travers cela, il apprend aussi à apprendre, un concept que j'ai entendu pour la première fois grâce à Montessori. Quel que soit le résultat, le voir prendre en charge sa propre routine d'étude de cette manière dépasse déjà ce que je pensais que mon fils était capable de faire, et me rend très confiant pour son succès futur.

CHAPITRE 5 :
UNE VIE DE PRINCIPES MONTESSORI

Au fur et à mesure que les enfants entrent à l'école élémentaire, les principes Montessori continuent de guider leur parcours éducatif. L'accent sur l'apprentissage individualisé, les classes multi-âges et l'utilisation de matériaux pratiques est maintenu et approfondi. Les élèves sont encouragés à explorer davantage leurs centres d'intérêt, à collaborer avec des pairs de différents âges et à assumer des responsabilités accrues au sein de leur environnement d'apprentissage. Ces principes favorisent non seulement la réussite académique, mais aussi la croissance sociale et émotionnelle des élèves.

Pendant les années de l'adolescence, les principes Montessori facilitent la transition de l'enfance à l'âge adulte. L'apprentissage autonome est renforcé, offrant aux étudiants la possibilité d'explorer un éventail plus vaste de sujets et de s'engager dans des stages, des services communautaires et des projets concrets. Les interactions avec des camarades de différents âges continuent de favoriser le développement social, mettant l'accent sur la préparation des adolescents aux responsabilités et aux défis de l'âge adulte.

Les principes Montessori conservent leur pertinence et leur applicabilité tout au long de la vie adulte. Le concept d'apprentissage autonome persiste, sous différentes formes, à mesure que les adultes poursuivent des études supérieures, une formation professionnelle ou un apprentissage continu. L'approche Montessori encourage les individus à prendre en charge leur propre croissance, que cela implique le développement personnel, l'avancement professionnel ou la poursuite de l'éducation continue. Cette approche autonome est inestimable dans le monde en rapide évolution d'aujourd'hui, où l'adaptabilité et l'apprentissage continu sont essentiels. De plus, les évolutions technologiques offrent davantage d'opportunités éducatives autodirigées que jamais, avec une gamme croissante de cours en ligne, de leçons gratuites et de tutoriels disponibles à tout moment, où que l'on se trouve.

Même dans les dernières étapes de la vie, les principes Montessori demeurent bénéfiques. L'accent sur l'individualité, la dignité et la poursuite des intérêts peut considérablement améliorer la qualité de vie des personnes âgées. Cette étape encourage l'apprentissage perpétuel et la poursuite de passe-temps, d'activités créatives et d'engagement social. Les personnes âgées peuvent rester actives, autonomes et connectées à leurs communautés, favorisant un sentiment de but et de bien-être.

Les principes Montessori s'adaptent remarquablement à chaque étape du développement humain, de la naissance à la mort. Ils fournissent une feuille de route pour nourrir l'individualité, l'indépendance et l'amour durable de l'apprentissage. En embrassant ces principes, les individus de tous âges peuvent s'engager dans des activités significatives et autodirigées qui contribuent à leur bien-être général, à leur croissance personnelle et à leur succès dans les différentes étapes de la vie. Ainsi, les principes Montessori offrent une orientation précieuse pour un voyage humain épanouissant et plein de sens.

Écoutons le témoignage de Karl, père d'un adolescent, qui a adopté avec succès la méthode Montessori tout au long de la vie de son enfant :

En tant que père qui a embrassé les principes Montessori, je dirais que cela a été un voyage extraordinaire. Nous avons commencé cette aventure lorsque mon garçon, Jamie, n'était qu'un petit bébé. Notre maison est devenue un lieu d'exploration et de curiosité. L'amour de Jamie pour la musique a prospéré, et nous l'avons laissé explorer librement. Sa chambre ressemblait à un mini studio de musique, avec des guitares et des pianos. Maintenant que Jamie est un adolescent, il est devenu un musicien indépendant. Il gère lui-même ses leçons de musique et ses concerts. Montessori lui a appris la discipline et la gestion du temps. C'est génial de le voir sur scène, confiant et motivé. Montessori ne se limite pas à l'apprentissage ; il s'agit de favoriser l'indépendance et la passion. Je ne pourrais pas être plus fier du jeune homme qu'il est devenu, et je suis sûr qu'il continuera à exprimer sa passion pour le reste de sa vie.

L'ÉDUCATION MONTESSORI À TRAVERS LES ÂGES

Maintenant, voyons comment nous pouvons développer la compétence de modifier nos méthodes éducatives pour répondre aux besoins évolutifs de nos enfants alors qu'ils traversent diverses phases de croissance. Cela implique de reconnaître que ce qui s'avère efficace pour favoriser l'indépendance d'un jeune enfant peut différer de ce qui est nécessaire pour guider un adolescent vers des choix responsables. Les principes Montessori servent de cadre polyvalent qui nous permet d'adapter nos stratégies aux besoins distincts de chaque enfant, en embrassant leurs intérêts changeants, leurs défis et leurs aspirations.

Soutenir la créativité et l'indépendance à toutes les étapes de l'enfance et au-delà

Favoriser la créativité et l'indépendance à différentes étapes de l'enfance implique la reconnaissance que chaque enfant, quel que soit son âge, possède une étincelle créative unique en attente d'être allumée. Dans les premières années, encourager l'exploration et l'expression de soi permet à la créativité de s'épanouir alors que les tout-petits interagissent avec leur environnement.

À mesure que les enfants progressent à travers différentes phases de développement, offrir des opportunités de prise de décision indépendante et d'apprentissage autonome les habilite à cultiver leurs passions et intérêts individuels. Pendant l'adolescence, maintenir un environnement sécurisé et bienveillant permet aux adolescents d'exprimer librement leur créativité et de développer une forte identité.

Pour vous donner une idée de l'évolution de l'application des directives Montessori à mesure que votre enfant grandit, jetons un coup d'œil rapide à ce à quoi ces principes ressembleraient lorsque appliqués à un adolescent :

- **Respect de l'autonomie** : Encourager les adolescents à prendre en charge leur éducation en leur offrant des choix dans ce qu'ils étudient et la manière dont ils abordent leur apprentissage. Les inciter à fixer leurs propres objectifs et à développer un sens de l'autodirection, incluant des projets à leur rythme et l'exploration d'intérêts personnels.

- **Environnement préparé** : Créer un environnement d'apprentissage bien organisé et esthétiquement agréable favorisant la concentration et l'exploration, avec des zones d'étude silencieuses, un accès à des ressources et des matériaux adaptés à leurs intérêts.

- **Apprentissage individualisé** : Reconnaître les intérêts et compétences divers de chaque adolescent. Adapter les expériences d'apprentissage pour répondre aux besoins individuels et fournir des options pour que les élèves travaillent à leur propre rythme.

- **Applications du monde réel** : Mettre l'accent sur l'application pratique des connaissances en encourageant les adolescents à participer à des projets concrets, des stages et des services communautaires qui relient l'apprentissage en classe à leur vie et au monde qui les entoure.

- **Groupes d'âges mixtes** : Organiser des occasions pour que les adolescents collaborent avec des pairs de différents âges, favorisant le mentorat et les compétences de leadership tout en encourageant la croissance sociale et émotionnelle.

- **Discussions dirigées par les élèves** : Promouvoir les discussions et dialogues dirigés par les élèves, encourageant les adolescents à exprimer leurs opinions, à participer à des débats et à développer leurs compétences en communication et en pensée critique.

- **Liberté dans les limites** : Tout en accordant de l'autonomie, établir des directives et des limites claires favorisant la prise de décision responsable. Encourager les adolescents à réfléchir à leurs choix et à apprendre de leurs erreurs.

- **Évaluation et retour d'information** : Rompre avec la notation traditionnelle et privilégier les retours qualitatifs. Aider les adolescents à évaluer leur propre travail, à définir des objectifs et à s'auto-évaluer.

- **Projets durables** : Encourager des projets autodirigés à long terme qui permettent aux adolescents d'approfondir des sujets d'intérêt. Ces projets peuvent développer des compétences en recherche, en gestion du temps et en résolution de problèmes.

- **Compétences pratiques de la vie** : Intégrer l'éducation aux compétences pratiques de la vie, comme la cuisine, la gestion budgétaire et la gestion du temps, dans le programme pour préparer les adolescents à la vie indépendante.

- **Intégration de la technologie** : Utiliser la technologie comme un outil de recherche, de collaboration et d'apprentissage. Enseigner la littératie numérique et l'utilisation responsable de la technologie.

- **Encourager la créativité et l'exploration** : Offrir des opportunités d'expression artistique et créative pour aider les adolescents à explorer leurs passions et à développer une pensée innovante.

- **Implication communautaire** : Favoriser un sentiment de responsabilité sociale en impliquant les adolescents dans des projets de service communautaire et d'engagement civique. Cela peut les aider à développer l'empathie et les compétences en leadership.

- **Accent sur le mentorat** : Mettre en relation les adolescents avec des mentors adultes, qu'il s'agisse d'enseignants, d'experts dans leurs domaines d'intérêt ou de professionnels de la communauté, pour les guider et les inspirer.

- **Communication ouverte** : Maintenir des lignes de communication ouvertes avec les adolescents, solliciter activement leurs avis et commentaires sur l'expérience éducative. Les encourager à discuter de leurs objectifs et préoccupations.

- **Flexibilité et adaptabilité** : Être flexible et prêt à adapter l'environnement d'apprentissage et le programme en fonction des besoins et des intérêts changeants des adolescents.

Appliquer les principes Montessori à un environnement d'apprentissage pour adolescents peut contribuer à favoriser l'indépendance, la créativité et la confiance en soi tout en les préparant aux défis et aux opportunités de l'âge adulte. Il est important d'évaluer continuellement l'efficacité de ces principes et d'apporter des ajustements au besoin pour mieux soutenir le développement de chaque adolescent.

Anna, une mère de 67 ans qui a choisi la méthode Montessori, partage son expérience et les résultats qu'elle observe chez son fils de 28 ans :

Aujourd'hui, je vois en mon fils un adulte réussi et autonome. Il aborde la vie avec le même émerveillement et la même assurance que les principes Montessori lui ont inculqués pendant sa jeunesse formative. Devenu un jeune homme calme, positif et débrouillard, il est bien plus sage que je ne l'étais à son âge. Il a connu quelques embûches en chemin, bien sûr, mais je n'ai jamais perdu confiance en sa capacité à affronter les situations difficiles. Je suis extrêmement reconnaissante pour l'impact durable que

Montessori a eu sur nos vies. Cela a contribué à façonner non seulement le parcours éducatif de mon fils, mais aussi nos souvenirs partagés de croissance et de découverte, ainsi que notre lien unique mère-fils.

Encourager l'indépendance et la créativité dans les générations futures

Inciter les enfants à développer leur autonomie et à stimuler leur liberté de pensée est essentiel pour cultiver une génération caractérisée par la pensée critique. Lorsque nous encourageons les enfants à faire leurs propres choix, à explorer leurs passions et intérêts, et à prendre le contrôle de leur parcours d'apprentissage, nous facilitons le développement des compétences fondamentales d'autonomie et d'indépendance. Ces capacités, à leur tour, les préparent à s'engager dans la pensée critique, où ils peuvent questionner, analyser et évaluer l'information de manière efficace.

De plus, la créativité et l'indépendance sont naturellement liées. Les personnes créatives montrent souvent une inclination à trouver de nouvelles solutions aux problèmes, un élément clé de la pensée critique. En nourrissant ces qualités, nous fournissons aux enfants un outil puissant pour aborder avec confiance et indépendance des problèmes difficiles.

Encourager l'autonomie et la liberté profite non seulement aux enfants individuels, mais contribue également au développement d'une société qui valorise l'auto-suffisance et l'originalité. Cela façonne une génération capable de faire face avec confiance aux défis futurs tout en pensant de manière critique, ouvrant finalement la voie à un avenir plus prometteur et progressiste pour tous.

Héritage Montessori

L'histoire suivante illustre comment la méthode Montessori peut former un continuum à travers les générations :

En tant que future maman, je me retrouve à réfléchir sur l'incroyable cadeau que j'ai reçu de mes propres parents - une éducation Montessori. Leur décision d'adopter cette philosophie éducative m'a inculqué un profond sentiment d'indépendance et le désir d'apprendre tout. Maintenant, alors que je me prépare à accueillir mon propre enfant dans le monde, je ressens une immense gratitude pour les valeurs et les principes qui m'ont formés.

Ayant vécu ma troisième et quatrième année dans une école régulière, je pense être en excellente position pour apprécier la différence de qualité éducative entre les deux systèmes. Sans vouloir dénigrer qui ou quoi que ce soit, disons simplement que j'ai remarqué un certain contraste, tant au niveau de la motivation que de la joie en classe, ce qui ne fait que me rendre plus reconnaissante d'avoir vécu la manière Montessori la majeure partie de mon temps à l'école.

J'ai l'intention sincère de transmettre le flambeau Montessori à mon petit. J'ai vu de mes propres yeux comment cette approche nourrit la pensée critique, l'auto-motivation et un fort sentiment d'individualité. Et par-dessus tout, le niveau de liberté que nous vivons dans une classe Montessori est simplement plus naturel. Je n'ai pas l'impression que cela ait freiné mon développement, bien au contraire. C'est un héritage que j'ai hâte de perpétuer, sachant que j'offre à mon enfant les mêmes opportunités de croissance, d'exploration et d'auto-découverte dont j'ai eu la chance de bénéficier.

Ainsi, à mes parents, qui ont fait de leur mieux pour m'éduquer avec Montessori, merci. Votre dévouement à me fournir une éducation Montessori m'a non seulement donné une base académique solide, mais aussi un ensemble de compétences de vie que je transmettrai maintenant avec enthousiasme à la génération suivante. Voici au magnifique voyage qui m'attend, alors que je me prépare à embrasser la parentalité avec le même amour et la même dévotion qui m'ont accompagné toute ma vie.

ÉTUDES CULTURELLES ET SOCIALES MONTESSORI : DES CITOYENS DU MONDE EN DEVENIR

Explorons maintenant l'approche de Montessori en matière d'études culturelles et sociales, qui forme les jeunes apprenants en citoyens du monde avec une appréciation de l'inclusion et de la diversité, et une soif de compréhension du monde.

Montessori met un accent significatif sur la culture de la conscience sociale et de l'intelligence émotionnelle. En participant à des activités qui encouragent la coopération, la résolution de conflits et l'empathie, les enfants comprennent l'importance de travailler ensemble et de construire des relations harmonieuses dans un monde de plus en plus interconnecté. De plus, une éducation Montessori inculque un sens de la responsabilité envers les préoccupations environnementales et mondiales. Les enfants participent activement à des discussions et à des projets traitant de sujets tels que la durabilité, la conservation culturelle et l'équité sociale. Cette implication les habilite à s'engager dans des problématiques critiques, contribuant à leur développement en tant que citoyens du monde informés et responsables.

Encourager la conscience mondiale et l'appréciation culturelle

Favoriser la conscience mondiale et cultiver une appréciation des diverses cultures chez les enfants est un voyage enrichissant qui commence au sein de nos foyers. Une méthode efficace implique d'exposer les enfants aux multiples caractéristiques des cultures mondiales par le biais de divers canaux. Cela peut inclure de les plonger dans la littérature qui les transporte vers des territoires lointains, regarder des documentaires qui présentent différentes façons de vivre, ou partir en aventures familiales pour explorer de nouvelles cultures. Ces expériences servent de motivations, alimentant la curiosité de votre enfant et élargissant ses horizons.

Adopter diverses traditions culinaires en incorporant des cuisines internationales dans les repas familiaux est une autre avenue délicieuse pour l'exploration culturelle. Cuisiner des plats du monde ensemble éveille non seulement les papilles gustatives, mais offre également un moyen de s'éduquer à la signification culturelle des ingrédients et des traditions culinaires. C'est une escapade sensorielle et éducative qui rapproche les familles au cœur des différentes cultures.

Jackson, père d'un garçon de six ans, commente ses aventures culinaires avec son enfant :

J'étais prêt pour une plongée savoureuse dans le monde de la cuisine colombienne. Ainsi, avec nos tabliers et des sourires jusqu'aux oreilles, mon fils et moi nous sommes préparés pour une fiesta en cuisine centrée autour du plat classique colombien, la Bandeja Paisa. Alors que nous mesurions des ingrédients comme le riz, les haricots et les plantains, je me suis dit: Pourquoi ne pas ajouter un peu de connaissances épicées aussi ? Alors, j'ai dit à mon fils que ces rehausseurs de saveur, comme le cumin, le paprika et la coriandre, ne servaient pas seulement à pimenter notre plat, mais qu'ils étaient comme de petits conteurs de l'histoire et de la culture vibrante de la Colombie. Et avec chaque pincée et trait de ces épices, notre cuisine s'est remplie d'un récit parfumé des traditions colombiennes et de l'ambiance chaleureuse des réunions familiales. C'est un rappel que la nourriture est un moyen fantastique de se connecter avec différentes cultures et de goûter à leurs histoires uniques.

UNE APPROCHE HOLISTIQUE : ENCOURAGER L'AMOUR DE L'APPRENTISSAGE DE TOUT

Les principes Montessori, connus pour leur efficacité dans l'éducation, dépassent les frontières traditionnelles, offrant un cadre pour une expérience d'apprentissage holistique. Des enfants explorant la nature aux adolescents poursuivant leurs intérêts et aux adultes plongeant dans de nouvelles passions, Montessori nous donne les moyens de nous engager activement avec le monde, approfondissant notre compréhension des sujets qui nous intriguent.

Encourager la créativité, l'indépendance et l'amour de l'apprentissage dans tous les environnements

Ce qui rend cette méthode extraordinaire, c'est son adaptabilité à des aspects inattendus de la vie. La méthode Montessori continue d'exercer une influence positive à l'âge adulte, transmettant des compétences et des valeurs durables. Elle cultive des qualités telles que la discipline personnelle, l'indépendance et une passion pour l'apprentissage dès le plus jeune âge, ce qui s'avère particulièrement bénéfique dans le contexte professionnel à l'âge adulte.

Au sein de l'environnement professionnel, la capacité à gérer des tâches, à penser de manière critique et à utiliser efficacement le temps, toutes héritées d'une éducation Montessori, devient un avantage significatif. De plus, l'inclination à aborder les défis avec curiosité, adaptabilité et un fort sens de l'engagement, développée dès l'éducation précoce, peut contribuer à une carrière réussie et gratifiante. Ainsi, la méthode Montessori offre un soutien durable, favorisant des qualités qui permettent aux individus de briller dans le monde dynamique de l'âge adulte.

Les entrepreneurs, jonglant constamment avec diverses situations, et portant simultanément de nombreux chapeaux, tireront grandement profit d'une éducation Montessori pour les aider à maintenir toutes les sphères de responsabilités en équilibre. Les employés démontrant indépendance, créativité et leadership auront une trajectoire plus aisée dans leur ascension professionnelle, alors que les travailleurs autonomes tireront profit d'une éthique de travail saine, où l'auto-motivation et l'auto-discipline ont depuis longtemps été forgées.

Ainsi, quelle que soit notre situation professionnelle, les compétences acquises grâce à Montessori sont universelles et resteront toujours précieuses. Et puisque chaque situation dans la vie offre une opportunité d'apprentissage et de croissance, cela fait de l'investissement dans l'acquisition de compétences l'un des meilleurs choix que nous puissions faire. Encourager l'amour inné de l'enfant pour l'apprentissage dès le plus jeune âge offre une valeur inestimable, indépendamment de son milieu social et culturel. C'est pourquoi je suis convaincue que les principes Montessori resteront toujours pertinents.

GUIDER UNE COMMUNAUTÉ DE PARENTS CONSCIENTS

Cher lecteur,

Notre exploration de la méthode Montessori touche à sa fin, et je tiens à vous exprimer ma sincère gratitude pour avoir choisi ce livre comme guide à travers la philosophie intemporelle de Montessori. Mon vœu le plus profond est que vous vous sentiez désormais prêt à naviguer dans l'aventure captivante de la parentalité avec grâce et joie. Je suis fermement convaincue que les idées et les conseils partagés dans ce livre peuvent véritablement contribuer à façonner une nouvelle génération saine et consciente, rendant ainsi le monde meilleur pour tous.

Votre contribution peut être d'une grande aide à une communauté de parents curieux. En partageant vos réflexions bienveillantes et honnêtes sur ce livre sur la page Amazon, vous soutiendrez non seulement ce livre, mais également des milliers de parents et d'éducateurs qui chercheront des conseils dans la librairie d'Amazon pour les décennies à venir. Ainsi, du fond de mon cœur et au nom de chaque parent qui pourrait bénéficier de vos mots précieux, je vous dis merci.

CONCLUSION : UNE EXPÉDITION MONTESSORI TOUT AU LONG DE LA VIE

Tout au long de ce livre, la méthode Montessori a été présentée de manière largement positive. Cependant, il est important de souligner que tout ce que les parents entreprennent en utilisant cette méthode ne produira pas nécessairement des résultats immédiats. La parentalité est un voyage rempli de ses propres défis et victoires. En adoptant Montessori, vous pouvez rencontrer des limites qui nécessitent de l'adaptabilité, de la persistance et une résolution créative des problèmes pour ajuster les principes de la méthode aux besoins uniques de votre famille.

Mais étant donné que les directives Montessori sont alignées sur la manière dont les enfants sont naturellement câblés pour apprendre, elle promet de donner aux parents et aux enfants les meilleures chances de créer une expérience éducative des plus agréables et gratifiantes. Alors, faites de votre mieux et persévérez! Et rappelez-vous que tous les trésors du monde sont déjà présents à l'intérieur de votre enfant, et il ne nous est pas demandé de les forcer à sortir. Nous leur permettons simplement de se manifester naturellement en créant le meilleur environnement possible.

RÉCAPITULATIF DE LA PARENTALITÉ MONTESSORI

La parentalité Montessori se distingue par son adaptabilité aux besoins spécifiques de chaque famille. Au lieu d'offrir une approche spécifique et uniforme, elle présente un cadre flexible qui s'adapte facilement aux circonstances et dynamiques diverses inhérentes aux différents foyers. Cette capacité d'adaptation est une force déterminante de la parentalité Montessori.

Ce que nous avons appris dans ce livre, c'est que les principes Montessori servent de guide de base que les parents peuvent personnaliser pour répondre à leurs situations particulières. Que la famille comprenne des enfants de différents âges, un parent seul, ou un foyer animé, les principes Montessori peuvent être ajustés pour correspondre aux besoins uniques de chaque famille. Cette adaptabilité donne aux parents le pouvoir de créer un environnement qui favorise l'indépendance, encourage la créativité et nourrit l'amour de l'apprentissage, tout en s'harmonisant avec le rythme unique de la famille.

Ce parcours parental n'est pas caractérisé par des règles strictes ; au contraire, il repose sur l'adoption de valeurs fondamentales et leur incorporation créative dans la vie quotidienne de la famille. Il reconnaît que chaque enfant est un individu avec son propre rythme de développement et ses propres intérêts. La parentalité Montessori soutient les parents pour s'adapter et évoluer avec leurs enfants, en veillant à fournir un environnement le plus enrichissant et nourrissant possible pour leur développement. En fin de compte, c'est cette capacité à s'adapter et à répondre aux besoins uniques de chaque famille qui fait des principes Montessori un guide durable et inestimable pour le voyage parental de toute une vie.

Tout au long de ce livre, nous avons eu le privilège d'assister au pouvoir transformateur de l'autonomie. Des triomphes minuscules des tout-petits apprenant à s'habiller aux moments impressionnants des adolescents faisant des choix intelligents et réfléchis, les principes Montessori laissent une empreinte inoubliable. Ces principes offrent à nos enfants des compétences pratiques de la vie quotidienne, ainsi qu'un profond sentiment de succès éducatif autonome.

En plongeant dans l'éducation Montessori, nous sommes témoins de l'impact profond qu'elle a sur l'aventure de la découverte de soi et de la croissance de nos enfants tout au long de leur vie. L'autonomisation qu'elle offre éveille un goût pour l'étude de leurs intérêts avec une curiosité sans limites. C'est une entreprise riche et émancipatrice qui touche profondément nos cœurs de parents.

INSPIRER LES PARENTS

En tant que parents, nous avons un rôle crucial à jouer dans le développement de nos enfants, en particulier en ce qui concerne l'inculcation de valeurs importantes qu'ils porteront toute leur vie. Ce n'est pas un rôle passif ; nous devons participer activement au processus, en favorisant ces valeurs chez nos enfants à travers nos actions et nos paroles.

En effet, ce voyage est une responsabilité à vie, nécessitant une patience et une empathie abondantes, et une ouverture infinie à l'apprentissage. Nous devons être prêts à évoluer et à nous adapter en même temps que nos enfants, explorant toujours de nouvelles façons de favoriser leur croissance et leur développement. En tant que parents, notre dévouement à cultiver un environnement où l'indépendance, la créativité et un profond amour de l'apprentissage prospèrent doit persister. C'est une odyssée constante, où l'objectif n'est pas un point statique mais un paysage en perpétuel changement, guidé par les principes de la parentalité Montessori.

Les témoignages partagés tout au long de ce livre fournissent l'inspiration d'adopter les principes Montessori comme un engagement continu, un engagement qui doit être pris avec le cœur. En adoptant cette approche de l'éducation des enfants, vous pourrez créer un environnement qui encourage vos enfants à devenir des apprenants tout au long de leur vie, tout comme vous. En tant que parents Montessori, nous ne faisons pas qu'enseigner à nos enfants, nous apprenons à leurs côtés.

DÉCOUVRIR DES COMMUNAUTÉS DE SOUTIEN

La parentalité vous confronte à une myriade de situations imprévisibles, remplies de triomphes, mais aussi de difficultés. Cependant, vous n'êtes jamais seul(e) dans cette aventure. À l'ère numérique d'aujourd'hui, une abondance de communautés inspirées par Montessori fleurit sur des plateformes de médias sociaux comme Facebook, X (anciennement connu sous le nom de Twitter), et Instagram, offrant un sanctuaire de positivité, de camaraderie et d'aide pratique.

Intégrer l'un de ces groupes est comme découvrir une oasis d'entente et d'encouragement. Ces communautés émanent de la chaleur et de l'acceptation, où des parents Montessori expérimentés partagent généreusement leur sagesse, leur expérience et leurs conseils. C'est un espace où vous pouvez discuter ouvertement des défis de la parentalité, sachant que des parents bienveillants sont prêts à vous aider.

Ce qui distingue les groupes Montessori, c'est leur approche orientée vers la solution. Si vous êtes confronté à une difficulté spécifique en tant que parent, il est probable que vous trouverez quelqu'un ayant déjà surmonté un défi similaire et qui est prêt à offrir des conseils. Que cela concerne des nuits blanches ou des crises lors des repas, ces communautés offrent réconfort et solutions pratiques.

Au-delà de la résolution de problèmes, les groupes Montessori favorisent un profond sentiment d'unité. Ils rappellent que votre parcours parental est partagé avec d'autres qui rencontrent des problèmes et des victoires similaires. Les défis deviennent moins redoutables, et les réussites sont célébrées avec un enthousiasme sincère. Adhérez donc à la grande communauté Montessori, et abandonnez-vous au soutien précieux qu'elle vous offre, et ce, gratuitement!

Alors que nous parcourons cette stratégie transformative de l'éducation, rappelons-nous que l'apprentissage ne connaît aucune limite. C'est une aventure à vie, un voyage rempli d'une curiosité infinie, d'indépendance et d'une insatiable soif de connaissance. Le chemin que nous avons entrepris, celui de l'exploration, de l'expérimentation et de la découverte de soi, ne se limite pas à la salle de classe, mais s'étend jusqu'au cœur même de nos vies. Dans nos foyers, nous avons la possibilité de cultiver une atmosphère qui alimente la curiosité naturelle, l'autonomie et la joie pure d'apprendre de nos enfants. Alors, continuons à nourrir leurs esprits, à alimenter leurs rêves et à les rendre forts et passionnés par la vie. À chaque jour qui passe, inspirons nos enfants à enquêter, à rêver et à graver leur empreinte sur ce monde, laissant un héritage indélébile de curiosité et de potentiel infini.

LISTE D'ACTIVITÉS

REMARQUES SUR LA LISTE D'ACTIVITÉS

- Cette liste est organisée par groupe d'âge en cinq sections principales : 0 à 12 mois, 12 à 24 mois, 2 à 3 ans, 3 à 4 ans et 4 à 5 ans.

- Chaque section principale est structurée selon le type d'activité, que ce soit Arts et Artisanat, Compétences Sensorielles et Motrices, Développement Social et Émotionnel, etc.

- Chaque activité de la liste comporte une brève description, une liste de bénéfices, et des suggestions de variations pour maintenir l'intérêt de l'enfant.

- La liste est volontairement sans images afin d'inclure un maximum d'activités dans le livre. Si une idée d'activité vous semble floue en raison de l'absence de support visuel, nous vous encourageons à faire une recherche rapide sur internet pour obtenir plus d'informations et d'images.

- Certains jouets sont mentionnés sans être décrits en détail. (Exemple : Cylindres Sonores Montessori) Si un objet particulier vous est inconnu et qu'il vous intéresse, nous vous invitons également à le rechercher en ligne, car de nombreuses images, vidéos et descriptions textuelles sont disponibles sur ces jouets spécifiques.

- Certaines activités apparaissent dans plusieurs groupes d'âge. Gardez à l'esprit que bien que le stade de développement de l'enfant ait été considéré dans l'organisation de cette liste, chaque enfant évolue à son propre rythme. N'hésitez pas à essayer des activités qui ne correspondent pas strictement à l'âge de votre enfant si vous pensez qu'elles pourraient être amusantes et appropriées.

Amusez-vous!

Certaines activités fonctionneront immédiatement, d'autres non. Cependant, votre enthousiasme personnel et la manière dont vous présentez l'activité à l'enfant auront une influence majeure sur son adoption. Soyez créatif, flexible et adaptez au mieux les activités à la situation unique de votre enfant.

0-12 MOIS

Activités d'Exploration Sensorielle

Panier de Trésors

Description : Remplissez un panier avec divers objets texturés (tissus, peluches, objets en bois) pour que votre bébé puisse toucher, explorer, et saisir.

Avantages : Stimule le développement sensoriel, encourage la motricité fine, et favorise la curiosité.

Variantes : Faites une rotation régulière des objets pour maintenir l'intérêt.

Cartes à Contraste Élevé Noir et Blanc

Description : Montrez à votre bébé des cartes à motifs noir et blanc pour améliorer son développement visuel.

Avantages : Améliore le suivi visuel et la concentration.

Variantes : Introduisez des cartes colorées à mesure que votre bébé grandit.

Exploration du Miroir

Description : Montrez à votre bébé sa réflexion dans un miroir sécurisé pour les bébés.

Avantages : Renforce la conscience de soi et les compétences de suivi visuel.

Variantes : Utilisez différents types de miroirs, tels que des miroirs courbés ou de formes amusantes.

Jeu de Tissus Doux

Description : Proposez une variété de tissus doux à votre bébé pour qu'il puisse les toucher, les presser, et les explorer.

Avantages : Stimule l'exploration tactile et le développement sensoriel.

Variantes : Offrez différents types de tissus, tels que la soie, le coton, la laine, etc.

Mobile Naturel

Description : Créez un mobile avec des objets naturels comme des pommes de pin, des feuilles, et des plumes pour que votre bébé puisse les observer et les toucher.

Avantages : Améliore le suivi visuel, l'appréciation de la nature, et l'exploration sensorielle.

Variantes : Changez les composants du mobile selon les saisons.

Exploration des Fruits et Légumes

Description : Offrez des fruits et légumes adaptés à l'âge de votre bébé pour qu'il puisse les toucher, les goûter, et les explorer.

Avantages : Introduit de nouvelles textures, saveurs, et expériences sensorielles.

Variantes : Explorez une variété de fruits et légumes.

Sachets Sensoriels

Description : Remplissez des sacs en plastique refermables avec diverses textures (riz, tissu, gel, eau) pour que votre bébé puisse les toucher et les presser.

Avantages : Encourage l'exploration tactile et la stimulation sensorielle.

Variantes : Vous pouvez ajouter des objets scintillants ou des aliments colorés, tels que des perles, des confettis ou des paillettes.

Tableau de Textures

Description : Créez des panneaux avec différents matériaux texturés (papier sablé, tissu, velours, gazon artificiel, etc.) pour que votre bébé puisse les toucher.

Avantages : Améliore l'exploration tactile et le développement sensoriel.

Variantes : Utilisez différentes textures et matériaux.

Œuvres d'Art Murales Texturées

Description : Accrochez des pièces d'art texturées à la hauteur des yeux de votre bébé pour qu'il puisse les atteindre et les toucher.

Avantages : Encourage l'exploration sensorielle et l'appréciation de l'art.

Variantes : Utilisez différents matériaux texturés dans l'œuvre d'art.

Parcours des Textures

Description : Créez une allée de textures douces en utilisant des matériaux tels que le tapis, le coton ouaté, le papier sablé fin, le caoutchouc, le papier à bulles, le gazon artificiel, etc. pour que votre bébé puisse explorer en rampant.

Avantages : Améliore la conscience tactile et sensorielle pendant le mouvement.

Variantes : Changez périodiquement les textures.

Livres de Textures

Description : Créez des livres de textures pour que votre bébé puisse explorer au toucher en collant des éléments texturés dans un livre existant.

Avantages : Encourage l'exploration sensorielle et la discrimination tactile.

Variantes : Incluez différentes textures et matériaux dans les livres.

Activités de Développement de la Motricité

Tableau Sensoriel

Description : Créez un tableau sensoriel avec diverses textures et objets interactifs (boutons, porte-clés, fermetures éclair, rubans, interrupteurs, serrures, engrenages, etc.) pour que votre bébé puisse toucher et manipuler.

Avantages : Améliore la motricité fine, l'exploration sensorielle et la résolution de problèmes.

Variantes : Ajoutez ou changez les textures et les objets en fonction des intérêts de votre bébé.

Jeu sur le Ventre

Description : Placez votre bébé sur son ventre sur un tapis doux pour encourager la force du cou et de la partie supérieure du corps.

Avantages : Soutient le développement physique et aide à prévenir le syndrome de la tête plate.

Variantes : Ajoutez un miroir, des jouets, ou des objets intéressants pour divertir votre bébé.

Gymnase pour Bébé

Description : Mettez en place un simple gymnase pour bébé avec des jouets suspendus pour que votre bébé puisse les atteindre.

Avantages : Améliore la motricité globale et la coordination œil-main.

Variantes : Changez les jouets suspendus pour maintenir l'intérêt.

Roulis de Balle Douce

Description : Faites rouler une balle douce et légère vers votre bébé pour encourager l'atteinte et la préhension.

Avantages : Développe la coordination œil-main et renforce les muscles du bras.

Variantes : Utilisez des balles de différentes tailles et textures.

Jeu de Hochets

Description : Offrez des hochets avec différents sons et textures pour que votre bébé puisse les secouer et les explorer.

Avantages : Améliore le développement sensoriel auditif et tactile.

Variantes : Faites une rotation des hochets pour introduire de nouveaux sons.

Peinture avec les Pieds

Description : Trempez les pieds de votre bébé dans de la peinture sans danger pour les bébés et laissez-les faire des empreintes de pieds sur du papier de grand format.

Avantages : Encourage le mouvement des pieds et des jambes et introduit l'exploration artistique précoce.

Variantes : Utilisez différentes couleurs de peinture lavable et non toxique.

Parcours d'Obstacles

Description : Créez un parcours d'obstacles sûr et bas avec des oreillers et des objets doux pour que votre bébé puisse ramper ou rouler par-dessus.

Avantages : Améliore la motricité globale et la conscience spatiale.

Variantes : Changez la disposition du parcours périodiquement.

Yoga pour Bébé

Description : Pratiquez des poses et des étirements de yoga doux avec votre bébé, les aidant à bouger et à étirer leurs membres.

Avantages : Soutient le développement physique, la flexibilité et le lien affectif.

Variantes : Explorez différentes poses de yoga pour bébé.

Activités de Développement Cognitif

Mobile à Contraste Élevé

Description : Accrochez un mobile noir et blanc au-dessus du berceau pour attirer le regard visuel de votre bébé.

Avantages : Améliore le suivi visuel et la concentration.

Variantes : Introduisez d'autres mobiles visuellement stimulants.

Cache-Cache

Description : Jouez à cache-cache avec un tissu ou une couverture douce pour enseigner la permanence de l'objet.

Avantages : Améliore le développement cognitif et la compréhension de la permanence de l'objet.

Variantes : Essayez cache-cache avec différents objets.

Exploration d'Objets Domestiques

Description : Permettez à votre bébé d'explorer en toute sécurité des objets du quotidien tels que des cuillères en bois, des tasses ou des écharpes.

Avantages : Encourage la curiosité et la manipulation d'objets.

Variantes : Introduisez de nouveaux objets domestiques à explorer.

Boîte de Permanence de l'Objet

Description : Introduisez une boîte de permanence de l'objet avec une petite balle pour que votre bébé puisse s'entraîner à la faire tomber et à la récupérer.

Avantages : Développe la compréhension de la permanence de l'objet et les compétences motrices fines.

Variantes : Essayez des boîtes avec différentes ouvertures comme une boîte de papiers mouchoirs par exemple.

Mathématiques avec des Jouets de Comptage

Description : Proposez des jouets de comptage tels que des anneaux empilables ou des gobelets emboîtables pour que votre bébé puisse explorer et pratiquer les compétences de comptage de base.

Avantages : Introduit des concepts mathématiques précoces, le développement moteur fin et la résolution de problèmes.

Variantes : Explorez des jouets avec différentes formes et nombres.

Plateau d'Exploration d'Objets

Description : Créez un plateau avec divers objets pour que votre bébé puisse les examiner, les toucher et les manipuler.

Avantages : Encourage la curiosité, la résolution de problèmes et l'exploration.

Variantes : Faites une rotation régulière des objets.

Jeu d'Ombres

Description : Utilisez une lampe de poche pour créer des formes d'ombres simples sur le mur pour que votre bébé puisse les regarder et les explorer.

Avantages : Améliore le suivi visuel, les compétences d'observation et l'imagination.

Variantes : Expérimentez avec différentes formes d'ombres.

Activités de Développement du Langage

Lecture à Voix Haute

Description : Lisez des livres adaptés à l'âge de votre bébé, décrivant les images et engagez la conversation.

Avantages : Favorise le développement du langage, le vocabulaire et le lien affectif.

Variantes : Explorez différents livres et sujets.

Chanter des Chansons et des Comptines

Description : Chantez des berceuses et des comptines à votre bébé, en incorporant des mouvements de main ou des actions.

Avantages : Encourage le développement du langage, le rythme et l'interaction sociale.

Variantes : Introduisez de nouvelles chansons et actions.

Imitation de Sons

Description : Faites des bruits simples comme applaudir, envoyer des bisous ou imiter des sons d'animaux et encouragez votre bébé à imiter.

Avantages : Améliore la reconnaissance des sons et les compétences de communication précoce.

Variantes : Introduisez de nouveaux sons et actions.

Langage des Signes pour Bébé

Description : Commencez à enseigner des gestes simples de langage des signes pour bébé comme "encore", "manger", "lait", ou "c'est fini".

Avantages : Facilite la communication précoce et réduit la frustration.

Variantes : Ajoutez plus de signes à mesure que votre bébé progresse.

Paniers d'Histoires

Description : Créez des paniers d'histoires avec des jouets ou des objets liés à une histoire spécifique et participez à la narration avec votre bébé.

Avantages : Favorise la compréhension du langage, l'imagination et les compétences en narration.

Variantes : Explorez différents thèmes d'histoires et objets.

Conversations de Bébé

Description : Engagez-vous dans des "conversations" avec votre bébé en répondant à ses gazouillis, babillages et vocalisations.

Avantages : Favorise les compétences en communication précoce et le lien affectif.

Variantes : Ajouter des gestes à vos expressions vocales.

Narration Interactive

Description : Racontez des histoires interactives en utilisant des accessoires simples ou des marionnettes pour captiver l'attention et l'imagination de votre bébé.

Avantages : Améliore le développement du langage, la créativité et les compétences en narration.

Variantes : Créez différents thèmes d'histoires.

Activités de Développement Social, Affectif et Relationnel

Reflet des Émotions

Description : Reflétez les expressions faciales et les émotions de votre bébé pour l'aider à comprendre et exprimer ses sentiments.

Avantages : Soutient le développement émotionnel et l'empathie.

Variantes : Essayez différentes expressions faciales et émotions.

Conversation avec des Photos de Famille

Description : Disposez des photos des membres de la famille devant votre bébé et décrivez chaque personne, favorisant un sentiment de lien familial.

Avantages : Favorise le développement du langage, la reconnaissance familiale et le lien affectif.

Variantes : Partagez des histoires ou des souvenirs sur chaque membre de la famille.

Interaction Sociale

Description : Encouragez les interactions avec les membres de la famille et les pairs lors de rencontres de jeu et d'une exposition sociale douce.

Avantages : Développe les compétences sociales, la communication et la régulation émotionnelle.

Variantes : Organisez des rencontres de jeu avec différents enfants.

Porter Bébé

Description : Utilisez un porte-bébé ou une écharpe pour garder votre bébé près de vous pendant que vous vaquez à vos occupations quotidiennes.

Avantages : Fournit une proximité physique, du réconfort et de la sécurité pour votre bébé.

Variantes : Explorez différents types de porte-bébés.

Massage Bébé

Description : Massez doucement votre bébé avec de l'huile sûre pour bébé, en suivant des mouvements doux et apaisants.

Avantages : Favorise la détente, renforce le lien affectif et stimule la conscience sensorielle.

Variantes : Explorez différentes techniques et rythmes de massage.

Lecture Ensemble

Description : Choisissez des livres adaptés à l'âge de votre bébé et lisez-leur, en faisant un contact visuel et en utilisant des tons et des expressions variés.

Avantages : Améliore le développement du langage, la compréhension et le lien affectif.

Variantes : Proposez différents livres et thèmes.

Amis Peluches Douces

Description : Fournissez des peluches douces et câlines à votre bébé pour qu'il puisse interagir avec elles, les câliner et créer des liens.

Avantages : Encourage l'attachement, le réconfort émotionnel et l'exploration sensorielle.

Variantes : Faites une rotation des peluches douces pour les rendre intéressantes.

Temps Calme et Silencieux

Description : Créez un environnement calme et silencieux pour vous et votre bébé en diminuant les lumières, en jouant une musique douce ou en utilisant du bruit blanc. Méditez ou détendez-vous pendant que votre bébé est présent et vous observe.

Avantages : Favorise la détente, la conscience sensorielle et un meilleur sommeil.

Variantes : Expérimentez avec différentes techniques apaisantes.

Exploration des Émotions

Description : Montrez des images ou des dessins de différentes expressions faciales à votre bébé et décrivez les émotions associées.

Avantages : Aide votre bébé à reconnaître les émotions et favorise l'empathie.

Variantes : Utilisez des photos de membres de la famille affichant des émotions.

Jeu de Chatouilles

Description : Participez à un jeu de chatouilles douces avec votre bébé, en utilisant des touches douces et des sons ludiques.

Avantages : Favorise le lien affectif, le rire et la conscience sensorielle.

Variantes : Chatouillez différentes parties du corps.

Danse Devant le Miroir

Description : Tenez votre bébé devant un miroir pleine longueur et balancez-vous ou dansez ensemble tout en faisant un contact visuel.

Avantages : Améliore la conscience corporelle, la coordination et le lien affectif.

Variantes : Jouez de la musique entraînante pendant le temps devant le miroir.

Activités de la Vie Pratique

Accessoires de Nettoyage Sécuritaires pour Bébé

Description : Permettez à votre bébé d'explorer des accessoires de nettoyage sûrs pour bébé comme un petit balai ou un chiffon pour un jeu de nettoyage doux.

Avantages : Favorise le sens des responsabilités et la participation aux tâches quotidiennes.

Variantes : Nettoyez différents objets dans la maison.

Observation du Repas

Description : Permettez à votre bébé d'observer la préparation des repas et de vous rejoindre à table pendant les repas.

Avantages : Favorise un sentiment d'inclusion, le lien familial et l'exposition précoce aux aliments.

Variantes : Offrez des ustensiles sûrs pour bébé à explorer.

Exploration du Panier à Linge

Description : Placez votre bébé dans un panier à linge propre et vide pour qu'il s'assoie et explore.

Avantages : Encourage la conscience spatiale et offre un changement de perspective.

Variantes : Ajoutez des jouets ou des tissus doux pour l'exploration sensorielle, et changez l'emplacement et la hauteur du panier.

Empilage de Gobelets

Description : Fournissez des gobelets empilables pour que votre bébé pratique la nidification et l'empilage.

Avantages : Améliore la motricité fine, la coordination et la résolution de problèmes.

Variantes : Utilisez des gobelets de différentes tailles et matériaux. À essayer aussi pendant le bain une fois que votre bébé peut s'asseoir tout seul.

Routine d'Habillage

Description : Impliquez votre bébé dans la routine d'habillage en lui permettant de tenir des objets ou de passer ses bras dans les manches.

Avantages : Favorise l'indépendance et la familiarité avec les routines quotidiennes.

Variantes : Utilisez des vêtements avec de gros boutons ou des attaches faciles à manipuler.

Appariement de Chaussettes

Description : Offrez une pile de chaussettes de bébé pour que votre bébé pratique l'appariement par paires.

Avantages : Introduit des compétences de tri de base et la coordination main-œil.

Variantes : Utilisez des chaussettes de différentes couleurs ou motifs.

Indépendance Alimentaire

Description : Encouragez l'auto-alimentation en fournissant des aliments adaptés à l'âge et un environnement de repas sûr.

Avantages : Favorise l'indépendance, la motricité fine et une relation positive avec la nourriture.

Variantes : Proposez une variété d'aliments sains à manger avec les doigts.

Jeu Doux avec la Brosse à Dents

Description : Offrez une brosse à dents douce pour bébé afin que votre bébé explore en touchant ses gencives ou en pratiquant le brossage.

Avantages : Introduit la conscience de l'hygiène buccale et l'exploration sensorielle.

Variantes : Utilisez un dentifrice adapté aux bébés si désiré.

Activités en Plein Air

Balades dans la Nature

Description : Emmenez votre bébé en promenades douces dans la nature pour explorer l'extérieur et observer les environs naturels.

Avantages : Stimule l'exploration sensorielle, la connexion avec la nature et l'exposition à l'air frais.

Variantes : Visitez différents environnements naturels.

Temps sur une Couverture en Plein Air

Description : Placez une couverture douce sur l'herbe et laissez votre bébé découvrir le jeu en plein air dans un environnement contrôlé.

Avantages : Présente des expériences sensorielles en plein air et une exposition à l'air frais.

Variantes : Apportez des jouets adaptés pour l'extérieur.

Exploration Douce d'Aires de Jeux

Description : Visitez des aires de jeux adaptées aux bébés avec des équipements simples pour l'exploration.

Avantages : Soutient le développement de la motricité globale et l'exposition sociale.

Variantes : Varier les lieux adaptés aux jeunes bébés.

Exploration Sensorielle de Feuilles et de Fleurs

Description : Ramassez des feuilles et des fleurs lors de promenades dans la nature et laissez votre bébé les toucher, les sentir et les explorer.

Avantages : Améliore l'exploration sensorielle, l'appréciation de la nature et le lien en plein air.

Variantes : Découvrez différents types de feuilles et de fleurs dans des environnements variés tels que les forêts, les jardins, les parcs, etc.

Pique-niques en Plein Air

Description : Profitez de pique-niques en plein air avec des aliments adaptés aux doigts, encourageant l'exploration sensorielle et les repas en plein air.

Avantages : Favorise l'amour de la nature, le lien familial et les expériences sensorielles.

Variantes : Pique-niquez dans divers environnements extérieurs.

Éclaboussures d'Eau Douces

Description : Remplissez un récipient peu profond avec une petite quantité d'eau pour que votre bébé explore en éclaboussant doucement.

Avantages : Présente des expériences sensorielles avec l'eau et favorise la coordination main-œil.

Variantes : Utilisez différents récipients et environnements extérieurs.

Jeu de Sable

Description : Mettez en place une aire de jeux de sable adaptée aux bébés pour que votre bébé touche et explore le sable avec des jouets de sable sûrs.

Avantages : Stimule l'exploration tactile, la créativité et le jeu en plein air.

Variantes : Ajoutez de l'eau au sable pour varier l'exploration tactile.

Activités Musicales et Sonores

Maracas Maison

Description : Remplissez de petits flacons avec divers matériaux (riz, haricots, clochettes) pour que votre bébé les secoue et entende différents sons.

Avantages : Améliore l'exploration auditive et la discrimination sonore. Encourage le rythme et la coordination.

Variantes : Expérimentez avec différents remplissages et tailles de récipients pour des sons variés.

Chant Musical en Chœur

Description : Chantez des chansons simples à votre bébé et utilisez des instruments tels qu'un petit xylophone ou des carillons pour une exploration musicale supplémentaire.

Avantages : Améliore la perception auditive, le développement du langage et l'appréciation de la musique.

Variantes : Explorez différentes chansons et instruments.

Exploration d'Instruments

Description : Fournissez une variété d'instruments de musique à votre bébé pour qu'il les touche, les explore et crée des sons.

Avantages : Améliore l'exploration auditive, le rythme et la créativité.

Variantes : Offrez une large gamme d'instruments à expérimenter.

Contes avec Effets Sonores

Description : Racontez des histoires à votre bébé en utilisant des effets sonores ou des instruments de musique simples pour créer un récit interactif.

Avantages : Stimule l'imagination, le développement du langage et l'engagement.

Variantes : Créez des histoires uniques avec des thèmes différents.

Berceuses Douces

Description : Chantez des berceuses à votre bébé au moment de la sieste et du coucher pour établir une routine apaisante au coucher.

Avantages : Encourage la détente, le développement de la routine du sommeil et le lien.

Variantes : Choisissez des berceuses et mélodies apaisantes.

Livres de Rimes et de Rythme

Description : Lisez des livres rythmiques et rimés à votre bébé, en mettant l'accent sur la cadence et le rythme des mots.

Avantages : Améliore le développement du langage, la perception du rythme et la conscience phonémique.

Variantes : Explorez différents livres.

Symphonie de la Nature

Description : Placez-vous avec votre bébé dans un environnement riche en sons, sans distractions telles que des jouets, et écoutez les sons de la nature comme le vent dans les arbres, les vagues qui s'écrasent ou la pluie qui tombe.

Avantages : Encourage l'exploration auditive, la détente et l'appréciation du monde naturel.

Variantes : Explorez différentes ambiances sonores naturelles.

12-24 MOIS

Activités pour le Développement de la Motricité Fine

Empilage de Gobelets

Description : Proposez une série de gobelets à empiler, emboîter et explorer pour votre tout-petit.

Avantages : Améliore la motricité fine, la coordination œil-main et la perception spatiale.

Variantes : Expérimentez avec des gobelets de différentes tailles et matériaux.

Activités d'Enfilage

Description : Offrez une planche à trous avec de grosses chevilles pour permettre à votre tout-petit de les insérer et de les retirer, développant ainsi le contrôle moteur fin et la force des mains.

Avantages : Favorise la coordination œil-main, la résolution de problèmes et la patience.

Variantes : Utilisez des chevilles de formes et de couleurs variées.

Laçage et Enfilage

Description : Proposez des cartes à enfiler et des ficelles ou des lacets à votre tout-petit pour pratiquer l'enfilage.

Avantages : Développe la motricité fine, la coordination œil-main et la concentration.

Variantes : Explorez différents modèles de cartes à enfiler.

Verser et Transférer

Description : Offrez de petits récipients et des objets à votre tout-petit pour qu'il puisse s'entraîner à verser et transférer des objets entre les récipients.

Avantages : Améliore le contrôle moteur fin, la force des mains et la concentration.

Variantes : Utilisez différents objets et tailles de récipients.

Boutonner et Attacher

Description : Introduisez des vêtements avec des boutons ou des pressions, permettant à votre tout-petit de s'exercer à attacher et détacher.

Avantages : Développe la motricité fine, la dextérité des doigts et l'indépendance vestimentaire.

Variantes : Utilisez des vêtements avec différents types de fermetures.

Sculpter avec de l'Argile

Description : Fournissez de l'argile ou de la pâte à modeler sans danger pour les enfants et encouragez l'enfant à sculpter des objets ou des formes.

Avantages : Développe la motricité fine, la créativité et le sens du volume en 3D.

Variantes : Utilisez différents types d'argile ou introduisez des outils de sculpture.

Activités d'Exploration Sensorielle

Exploration d'un Bac Sensoriel

Description : Remplissez un récipient peu profond avec des matériaux tels que du riz, du sable ou des haricots pour une exploration tactile.

Avantages : Améliore la conscience sensorielle, la motricité fine et le jeu imaginatif.

Variantes : Changez les matériaux pour de nouvelles textures et expériences.

Chasse au Trésor dans la Nature

Description : Créez une liste d'objets naturels avec des images pour que votre tout-petit les trouve lors de promenades en plein air, favorisant ainsi les compétences d'observation et l'amour de la nature.

Avantages : Encourage l'exploration en plein air, la connexion avec la nature et le développement du vocabulaire.

Variantes : Adaptez la liste en fonction de la saison ou du lieu.

Peinture au Doigt

Description : Permettez à votre tout-petit de peindre avec de la peinture non toxique et lavable sur du papier grand format.

Avantages : Favorise la créativité, la motricité fine et l'exploration sensorielle.

Variantes : Utilisez différentes couleurs et différents outils de peinture ou utilisez les pieds au lieu des mains.

Tableau Sensoriel

Description : Créez un tableau sensoriel avec différentes textures et objets (boutons, porte-clés, fermetures éclair, rubans, interrupteurs, serrures, engrenages, etc.) pour que votre bébé puisse toucher et manipuler.

Avantages : Améliore la motricité fine et l'exploration sensorielle.

Variantes : Ajoutez ou changez les textures et les objets en fonction des intérêts de votre enfant.

Bac Sensoriel de la Nature

Description : Créez un bac sensoriel avec des matériaux naturels tels que du sable, des pommes de pin et des coquillages pour une exploration tactile.

Avantages : Stimule l'exploration sensorielle, la motricité fine et la créativité.

Variantes : Utilisez différents matériaux naturels.

Activités de la Vie Pratique

Indépendance Vestimentaire

Description : Encouragez votre tout-petit à s'habiller seul avec des vêtements simples comme un pantalon, des bottes de pluie, un chapeau, etc.

Avantages : Favorise l'indépendance, la motricité fine et la confiance en soi.

Variantes : Introduisez progressivement des vêtements plus complexes.

Préparation des Repas

Description : Impliquez votre tout-petit dans des tâches simples de préparation des repas comme laver les légumes, mélanger ou étaler du beurre sur du pain.

Avantages : Favorise l'indépendance, la motricité fine et une appréciation de la cuisine.

Variantes : Essayez des tâches de cuisine adaptées à l'âge de l'enfant.

Plantation de Graines

Description : Plantez des graines ou des plants avec votre tout-petit dans un jardin ou un pot intérieur, leur permettant de prendre soin des plantes.

Avantages : Nourrit la connexion avec la nature, la responsabilité et la patience.

Variantes : Choisissez différents types de plantes.

Nourrir les Animaux Domestiques

Description : Encouragez votre tout-petit à aider à nourrir et prendre soin des animaux domestiques de la famille, favorisant un sens de responsabilité et d'empathie.

Variantes : Utilisez différents matériaux naturels.

Activités de la Vie Pratique

Indépendance Vestimentaire

Description : Encouragez votre tout-petit à s'habiller seul avec des vêtements simples comme un pantalon, des bottes de pluie, un chapeau, etc.

Avantages : Favorise l'indépendance, la motricité fine et la confiance en soi.

Variantes : Introduisez progressivement des vêtements plus complexes.

Préparation des Repas

Description : Impliquez votre tout-petit dans des tâches simples de préparation des repas comme laver les légumes, mélanger ou étaler du beurre sur du pain.

Avantages : Favorise l'indépendance, la motricité fine et une appréciation de la cuisine.

Variantes : Essayez des tâches de cuisine adaptées à l'âge de l'enfant.

Plantation de Graines

Description : Plantez des graines ou des plants avec votre tout-petit dans un jardin ou un pot intérieur, leur permettant de prendre soin des plantes.

Avantages : Nourrit la connexion avec la nature, la responsabilité et la patience.

Variantes : Choisissez différents types de plantes.

Nourrir les Animaux Domestiques

Description : Encouragez votre tout-petit à aider à nourrir et prendre soin des animaux domestiques de la famille, favorisant un sens de responsabilité et d'empathie.

Avantages : Enseigne la responsabilité, l'empathie et l'amour des animaux.

Variantes : Impliquez votre tout-petit dans les tâches de toilettage des animaux.

Habillement et Déshabillage des Poupées

Description : Fournissez des poupées ou des animaux en peluche avec des vêtements amovibles et montrez comment les habiller et les déshabiller.

Avantages : Encourage l'indépendance, la motricité fine et les compétences d'auto-assistance.

Variantes : Utilisez différentes poupées ou introduisez des vêtements plus complexes.

Aide aux Tâches Quotidiennes

Description : Impliquez votre enfant dans des tâches quotidiennes simples comme mettre la table ou ranger les jouets.

Avantages : Favorise un sentiment de contribution, de responsabilité et de coopération.

Variantes : Introduisez de nouvelles tâches à mesure que votre enfant grandit.

Activités en Plein Air et dans la Nature

Peinture à l'Eau

Description : Offrez un récipient d'eau avec des pinceaux de différentes tailles pour que votre tout-petit puisse peindre sur un mur en béton.

Avantages : Stimule la créativité, la coordination œil-main et la détente.

Variantes : Utilisez de l'eau colorée ou des pinceaux différents.

Art Naturel avec des Feuilles

Description : Ramassez des feuilles lors de promenades en plein air et utilisez-les pour créer de l'art en les collant sur du papier.

Avantages : Stimule la créativité, la motricité fine et la connexion avec la nature.

Variantes : Ajoutez d'autres objets naturels à vos collages comme des pommes de pin ou du sapinage.

Chasse au Trésor Naturelle

Description : Élaborez une liste d'objets naturels avec photos (p. ex., pommes de pin, glands, plumes) pour que votre tout-petit les trouve lors d'aventures en plein air.

Avantages : Favorise les compétences d'observation, l'appréciation de la nature et l'excitation de l'exploration.

Variantes : Personnalisez les chasses au trésor pour différents endroits en plein air.

Pique-niques en Plein Air

Description : Profitez de pique-niques en plein air avec des aliments adaptés aux tout-petits, encourageant les repas en plein air et l'exploration.

Avantages : Favorise l'amour de la nature, les liens familiaux et les expériences sensorielles.

Variantes : Changez l'emplacement du pique-nique.

Parcours d'Obstacles en Plein Air

Description : Mettez en place un parcours d'obstacles sûr et adapté à l'âge avec des éléments tels que des cônes, des cerceaux et des tunnels pour que votre tout-petit puisse naviguer.

Avantages : Améliore les compétences de motricité globale, la coordination et la confiance physique.

Variantes : Changez régulièrement la disposition du parcours.

Observation des Oiseaux

Description : Installez des mangeoires à oiseaux et des jumelles pour que votre tout-petit puisse observer et identifier les oiseaux dans votre jardin ou dans un parc local.

Avantages : Améliore les compétences d'observation, l'identification des oiseaux et l'appréciation de la nature.

Variantes : Apprenez sur différentes espèces d'oiseaux.

Collections de la Nature

Description : Partez en promenade avec votre tout-petit pour collecter et documenter des objets naturels intéressants tels que des feuilles, des cailloux ou des coquillages.

Avantages : Favorise la connexion avec la nature, les compétences d'observation et l'appréciation du plein air.

Variantes : Créez des collections thématiques de la nature.

Jardinage Ensemble

Description : Impliquez votre tout-petit dans des tâches de jardinage telles que la plantation, l'arrosage et le désherbage dans un jardin ou des pots de fleurs.

Avantages : Nourrit l'amour du jardinage, la responsabilité et l'exploration sensorielle.

Variantes : Choisissez différentes plantes ou légumes à cultiver.

Peinture sur Roches

Description : Rassemblez des roches lisses et peignez-les avec votre tout-petit, encourageant la créativité et des designs inspirés par la nature.

Avantages : Stimule l'expression artistique, la motricité fine et la connexion avec la nature.

Variantes : Peignez des roches avec différents motifs ou couleurs.

Exploration des Insectes

Description : En plein air, observez et discutez des insectes que vous rencontrez avec votre tout-petit, encourageant la curiosité et le respect de la nature.

Avantages : Favorise les compétences d'observation, l'empathie pour les insectes et l'amour de la nature.

Variantes : Apprenez sur différentes espèces d'insectes.

Observation des Papillons

Description : Apprenez à connaître les papillons et observez-les dans les jardins ou les parcs, discutant de leurs couleurs et de leur comportement avec votre tout-petit.

Avantages : Encourage les compétences d'observation, la connaissance des insectes et l'appréciation de la beauté de la nature.

Variantes : Explorez différentes espèces de papillons.

Yoga et Détente en Plein Air

Description : Pratiquez des exercices simples de yoga et de détente en plein air avec votre tout-petit, en vous connectant avec la nature et en favorisant la pleine conscience.

Avantages : Améliore la conscience corporelle, la détente, et la connexion avec l'environnement naturel.

Variantes : Explorez différentes postures de yoga et techniques de relaxation.

Symphonies des Chants d'Oiseaux

Description : Écoutez les chants d'oiseaux et essayez de les imiter en utilisant votre voix ou des instruments simples comme des sifflets.

Avantages : Encourage l'exploration auditive, la créativité, et l'appréciation des oiseaux.

Variantes : Apprenez sur différents oiseaux et leurs chants.

Exploration des Instruments de Musique

Description : Proposez une variété d'instruments de musique à votre tout-petit pour qu'il les explore et les joue, favorisant l'exploration auditive et la créativité.

Avantages : Améliore le rythme, la discrimination auditive, et les compétences motrices fines.

Variantes : Offrez différents instruments de musique à expérimenter.

Chant et Mouvement

Description : Chantez des chansons avec votre tout-petit en incorporant des mouvements tels que des applaudissements, des pas lourds, ou des danses.

Avantages : Favorise le développement du langage, la perception du rythme, et la coordination physique.

Variantes : Explorez différentes chansons et mouvements.

Contes Musicaux

Description : Créez des histoires musicales en racontant des contes simples avec une musique de fond ou des effets sonores.

Avantages : Favorise l'imagination, le développement du langage, et l'appréciation de la musique.

Variantes : Créez des histoires avec des thèmes différents.

Symphonie de la Nature

Description : Écoutez les sons de la nature tels que le vent qui murmure dans les arbres, les vagues qui se brisent, ou la pluie qui tombe.

Avantages : Encourage l'exploration auditive, la détente, et l'appréciation du monde naturel.

Variantes : Explorez différents paysages sonores naturels.

Exploration Sonore avec des Objets Naturels

Description : Collectionnez des objets naturels comme des pommes de pin, des feuilles, ou des rochers et expérimentez les sons qu'ils produisent lorsque vous les tapotez, secouez, ou grattez.

Avantages : Améliore la perception auditive, la créativité, et l'exploration.

Variantes : Découvrez différents matériaux naturels et leurs sons.

Chansons Inspirées par la Nature

Description : Chantez des chansons liées à la nature et incorporez des éléments extérieurs à votre chant, comme utiliser des feuilles comme instruments improvisés.

Avantages : Favorise le développement du langage, le lien affectif, et la connexion avec la nature.

Variantes : Explorez des chansons de différentes cultures ou traditions.

Activités de Langage et de Communication

Cartes de Vocabulaire Naturel

Description : Créez des cartes de vocabulaire avec des images d'objets naturels (par exemple, arbres, animaux, fleurs) pour élargir le vocabulaire de votre tout-petit.

Avantages : Améliore le développement du langage, la reconnaissance des mots, et l'appréciation de la nature.

Variantes : Utilisez des cartes avec différents thèmes.

Lecture à Voix Haute

Description : Lisez à haute voix des livres adaptés à l'âge de votre tout-petit, discutant de l'histoire et des images pour favoriser le développement du langage et la compréhension.

Avantages : Améliore le vocabulaire, la compréhension, et le lien affectif.

Variantes : Explorez différents livres et thèmes.

Contes en Plein Air

Description : Racontez des histoires sur le thème de la nature ou créez des récits imaginatifs en profitant des décors extérieurs avec votre tout-petit.

Avantages : Favorise l'imagination, le développement du langage, et une connexion avec la nature.

Variantes : Inventez des histoires liées à différents endroits en plein air.

Conversation avec la Nature

Description : Encouragez votre tout-petit à engager des conversations avec des éléments naturels lors de promenades en plein air, comme parler à un arbre ou à un oiseau.

Avantages : Favorise l'imagination, le développement du langage, et une connexion avec la nature.

Variantes : Explorez différents aspects de la nature pour converser avec.

Contes avec des Marionnettes

Description : Utilisez des marionnettes à main ou des peluches pour raconter des histoires et encouragez l'enfant à participer à la narration.

Avantages : Favorise le développement du langage, la créativité, et l'imagination.

Variantes : Créez différents scénarios et personnages d'histoires.

Activités de Développement Social et Emotionnel

Jeu de Groupe en Plein Air

Description : Organisez des rendez-vous de jeu en plein air avec d'autres tout-petits pour favoriser l'interaction sociale, le partage, et la coopération.

Avantages : Améliore les compétences sociales, la communication, et les liens d'amitié.

Variantes : Changez les activités et les personnes avec lesquelles jouer.

Exposition d'Art Naturel

Description : Organisez une petite exposition d'art en plein air avec des œuvres d'art inspirées par la nature de votre tout-petit, pour que la famille et les amis les admirent.

Avantages : Favorise un sentiment de fierté, de confiance, et de créativité.

Variantes : Incluez également les œuvres d'autres enfants.

Visites Communautaires

Description : Planifiez des visites à des endroits tels que la bibliothèque, la caserne de pompiers, ou le marché fermier pour explorer la communauté.

Avantages : Encourage l'interaction sociale, la prise de conscience du monde, et la curiosité envers la communauté.

Variantes : Explorez différents endroits de la communauté et discutez de ce qu'ils offrent.

Construction de Forts Intérieurs

Description : Collaborez avec votre enfant pour construire des forts intérieurs en utilisant des couvertures et des coussins.

Avantages : Favorise le travail d'équipe, la créativité, et le jeu imaginatif.

Variantes : Expérimentez avec différents designs de forts et différents matériaux.

Respiration Consciente avec un Câlin

Description : Pratiquez la respiration consciente avec votre enfant, en utilisant un objet doux et réconfortant à câliner pendant les respirations profondes.

Avantages : Enseigne la régulation émotionnelle, la relaxation, et le lien affectif.

Variantes : Utilisez un animal en peluche préféré, la photo d'un proche ou une couverture douillette.

Activités de Développement Cognitif

Mélange des Couleurs avec les Aquarelles

Description : Permettez à l'enfant d'expérimenter avec les aquarelles et d'explorer le mélange des couleurs.

Avantages : Renforce la créativité, les compétences motrices fines, et la compréhension de la théorie des couleurs.

Variantes : Expérimentez avec différentes combinaisons de couleurs et techniques de peinture.

Jeux de Mémoire

Description : Jouez à des jeux de mémoire simples en utilisant des cartes avec des images correspondantes et encouragez l'enfant à trouver les paires.

Avantages : Renforce la mémoire, la concentration, et les compétences cognitives.

Variantes : Augmentez le nombre de cartes ou introduisez des images plus complexes à mesure que la mémoire de l'enfant s'améliore.

Empilage de Blocs

Description : Offrez un ensemble de blocs en bois ou en mousse et encouragez votre enfant à construire des tours et des structures.

Avantages : Développe la conscience spatiale, les compétences de résolution de problèmes, et les compétences motrices fines.

Variantes : Introduisez différentes formes et tailles de blocs.

Jeu de Balle

Description : Participez à des jeux de balle, encourageant votre enfant à attraper, lancer et viser des cibles.

Avantages : Renforce la coordination main-œil, les compétences motrices, et la conscience spatiale.

Variantes : Utilisez différents types de balles, mettez en place des cibles, ou essayez différents jeux de lancer.

Casse-Tête

Description : Proposez des casse-tête adaptés à l'âge avec de grandes pièces. Encouragez votre enfant à compléter le casse-tête, ce qui aide au développement de la résolution de problèmes et de la cognition.

Avantages : Renforce la conscience spatiale, la coordination main-œil, la concentration, et la pensée logique.

Variantes : Choisissez des casse-tête avec différents thèmes ou niveaux de complexité.

2 À 3 ANS

Compétences Pratiques de la Vie

Verser de l'eau

Description : Fournissez une petite cruche et un verre pour que votre tout-petit verse de l'eau dans le verre.

Avantages : Développe la coordination main-œil, les compétences motrices fines et l'indépendance.

Variantes : Utilisez de l'eau colorée pour un attrait visuel supplémentaire ou des récipients de tailles et de formes différentes.

Compétences Vestimentaires

Description : Encouragez votre tout-petit à s'habiller et se déshabiller de manière indépendante, en commençant par des articles simples comme des camisoles, des chaussettes, des chapeaux et des bottes de pluie.

Avantages : Favorise l'autonomie, les compétences motrices fines et un sentiment d'accomplissement.

Variantes : Pratiquez avec différents types de vêtements.

Mise de la Table

Description : Apprenez à votre tout-petit à mettre la table, en plaçant les ustensiles, les assiettes et les tasses à leur place.

Avantages : Favorise l'ordre, la séquence et la responsabilité.

Variantes : Utilisez des ensembles de table avec des illustrations indiquant où les objets doivent aller.

Préparation des Aliments

Description : Impliquez votre tout-petit dans des tâches de préparation alimentaire adaptées à son âge, comme étaler du beurre sur du pain, trancher des fruits tendres.

Avantages : Améliore la coordination, la confiance en soi et la connexion avec la nourriture.

Variantes : Explorez différents aliments et méthodes de préparation.

Soins aux Plantes

Description : Permettez à votre tout-petit de s'occuper d'une petite plante en pot en l'arrosant et en observant sa croissance.

Avantages : Favorise la responsabilité, la compréhension de la vie végétale et la connexion avec la nature.

Variantes : Plantez différents types de plantes.

Pratique du Nettoyage

Description : Impliquez votre tout-petit dans des activités quotidiennes de nettoyage telles que balayer, dépoussiérer ou plier le linge pour développer des compétences pratiques de la vie. Utilisez des accessoires de nettoyage de taille adaptée si possible.

Avantages : Favorise l'indépendance, la responsabilité, et les compétences motrices fines.

Variantes : Explorez diverses tâches ménagères.

Cuisine Ensemble

Description : Impliquez votre tout-petit dans des activités culinaires simples comme mélanger, verser ou rouler la pâte.

Avantages : Améliore les compétences culinaires, la compréhension de la nourriture, et la créativité.

Variantes : Cuisinez différentes recettes ensemble.

Nettoyage de la Nature

Description : Apprenez à votre tout-petit à nettoyer des matériaux naturels comme des feuilles ou des bâtons après le jeu en plein air.

Avantages : Favorise la responsabilité, la sensibilisation à l'environnement, et la propreté.

Variantes : Nettoyez différents espaces de jeu en plein air.

Boutonnage et Agrafage

Description : Introduisez des vêtements avec des boutons ou des agrafes, permettant à votre tout-petit de s'entraîner à les attacher et à les détacher.

Avantages : Développe les compétences motrices fines, la dextérité des doigts, et l'indépendance vestimentaire.

Variantes : Utilisez des vêtements avec différents systèmes de fixation.

Activités de Développement Cognitif

Jeux de Cartes Mémoire

Description : Jouez à des jeux simples de cartes mémoire avec des paires correspondantes.

Avantages : Améliore les compétences de mémoire et la concentration.

Variantes : Ajoutez un système de notation avec des objectifs à atteindre.

Association de Blocs de Construction

Description : Construisez des structures simples avec des blocs et mettez au défi votre enfant de créer la même structure.

Avantages : Améliore la perception spatiale, les compétences de résolution de problèmes, et la concentration.

Variantes : Variez la complexité des structures pour correspondre aux capacités de l'enfant.

Traçage de Formes et de Lettres

Description : Introduisez des activités simples de traçage de formes et de lettres pour se préparer à l'écriture et à la lecture. Utilisez des outils d'écriture larges et faciles à tenir et guidez la main de votre enfant pour tracer formes et lettres.

Avantages : Développe la coordination main-œil, les compétences motrices fines et la concentration.

Variantes : Utilisez des formes plus complexes comme des animaux ou des fruits et légumes à mesure que l'enfant progresse.

Jeu de Puzzle

Description : Fournissez des puzzles adaptés à l'âge avec de grandes pièces simples.

Avantages : Développe l'observation, les compétences de résolution de problèmes, et les compétences de motricité fine.

Variantes : Utilisez des puzzles plus complexes à mesure que l'enfant progresse.

Construction d'une Cabane avec des Couvertures

Description : Utilisez des couvertures ou des draps pour créer une cabane. Encouragez l'enfant à aider à construire et à disposer les couvertures.

Avantages : Stimule la créativité, la perception spatiale et favorise la coopération et le travail d'équipe.

Variantes : Ajoutez des éléments d'éclairage ou organisez un pique-nique à l'intérieur de la cabane.

Activités Sensorielles et Motrices

Promenade Sensorielle en Pleine Nature

Description : Faites une promenade sensorielle en pleine nature, encouragez votre tout-petit à toucher les feuilles et les arbres, sentir les odeurs et écouter les sons de la nature.

Avantages : Améliore la conscience sensorielle, l'appréciation de la nature et l'exploration en plein air.

Variantes : Explorez différents environnements extérieurs.

Tableau Sensoriel

Description : Créez un tableau sensoriel avec différents matériaux texturés et des pièces interactives sûres comme des serrures, des chaînes, des engrenages, des interrupteurs, etc.

Avantages : Développe la discrimination tactile, la conscience sensorielle et les compétences motrices fines.

Variantes : Incluez différentes textures et matériaux.

Jeux d'Eau et de Sable

Description : Mettez à disposition une table d'eau ou un bac à sable pour permettre aux enfants d'explorer et d'expérimenter avec l'eau, le sable et divers outils.

Avantages : Améliore l'exploration sensorielle, les compétences motrices fines et la créativité.

Variantes : Ajoutez des jouets, des moules ou des éléments naturels comme des coquillages ou des cailloux.

Pâte à Modeler Naturelle

Description : Fabriquez de la pâte à modeler naturelle en utilisant des ingrédients comme la farine, le sel et des colorants naturels pour le jeu créatif.

Avantages : Améliore les compétences motrices fines, la créativité et l'exploration sensorielle.

Variantes : Expérimentez avec des parfums et des couleurs.

Bacs Sensoriels Parfumés

Description : Remplissez des bacs sensoriels de matériaux parfumés comme des herbes séchées, des fleurs, des désodorisants de voiture, des huiles essentielles sur des morceaux de tissu, pour l'exploration olfactive.

Avantages : Stimule l'odorat, la conscience sensorielle et la relaxation.

Variantes : Utilisez des parfums et des matériaux différents.

Verser de l'Eau avec Précision

Description : Fournissez une carafe et deux verres à votre tout-petit pour qu'il verse de l'eau avec précision d'un verre à l'autre.

Avantages : Développe la coordination main-œil, les compétences motrices fines et la concentration.

Variantes : Utilisez des contenants de tailles différentes.

Parcours d'Obstacles

Description : Mettez en place un parcours d'obstacles avec des coussins, des tunnels et des cônes, favorisant l'activité physique et la coordination.

Avantages : Améliore les compétences motrices globales, l'équilibre et la perception spatiale.

Variantes : Changez la disposition du parcours pour plus de variété.

Activités de Langage et de Communication

Lettres Montessori en Papier de Verre

Description : Présentez les lettres Montessori en papier de verre pour aider les enfants à apprendre les formes des lettres au toucher. Encouragez-les à tracer les lettres.

Avantages : Améliore la reconnaissance des lettres, l'exploration tactile et les compétences pré-lectures.

Variantes : Progressez vers des matériaux de lettres plus avancés.

Cubes d'Histoire Maison

Description : Créez des cubes d'histoire avec des images de différents éléments naturels. Lancez les cubes et créez des histoires basées sur les images.

Avantages : Améliore les compétences en narration, le développement du vocabulaire et la créativité.

Variantes : Fabriquez des cubes d'histoire avec différents thèmes ou environnements.

Heure du Conte

Description : Lisez des livres adaptés à l'âge de votre tout-petit, discutez de l'histoire et posez des questions ouvertes.

Avantages : Favorise le développement du langage, du vocabulaire et l'amour de la lecture.

Variantes : Explorez différents genres de livres.

Cartes de Vocabulaire Naturel

Description : Créez des cartes de vocabulaire avec des images d'objets naturels (par exemple, animaux, plantes) pour élargir le vocabulaire de votre tout-petit.

Avantages : Améliore le développement du langage, la reconnaissance des mots et l'appréciation de la nature.

Variantes : Utilisez des cartes avec des thèmes différents.

Activités Mathématiques et Numériques

Cartes Numériques Montessori

Description : Introduisez des cartes numériques Montessori avec des quantités représentées par des points. Les enfants peuvent faire correspondre le nombre à la quantité.

Avantages : Améliore la reconnaissance des nombres, le comptage et les compétences motrices fines.

Variantes : Progressez vers des cartes numériques plus avancées.

Tri de Haricots Numériques

Description : Fournissez aux enfants une variété de haricots ou petits objets à trier dans des contenants en fonction des nombres (par exemple, placez 3 haricots dans un contenant).

Avantages : Améliore le comptage, le tri et les compétences motrices fines.

Variantes : Augmentez la plage de nombres à mesure que les enfants développent leurs compétences.

Mathématiques Naturelles

Description : Utilisez des matériaux naturels comme des bâtons, des cailloux ou des glands pour des activités mathématiques. Les enfants peuvent pratiquer le comptage, l'addition ou créer des motifs simples.

Avantages : Favorise la numératie, la résolution de problèmes et la connexion à la nature.

Variantes : Explorez différents concepts mathématiques et défis.

Marelle Numérique

Description : Créez une marelle numérique au sol avec de la craie et jouez à la marelle. Les enfants peuvent sauter sur les chiffres tout en comptant.

Avantages : Favorise la reconnaissance des nombres, les compétences de comptage et l'activité physique.

Variantes : Utilisez la marelle pour des opérations de base d'addition ou de soustraction.

Boulier Maison

Description : Aidez les enfants à créer un simple boulier avec des perles et de la ficelle. Ils peuvent l'utiliser pour pratiquer le comptage et l'addition simple.

Avantages : Favorise les compétences de comptage, la compréhension des quantités et les compétences motrices fines.

Variantes : Expérimentez avec différentes couleurs et tailles de perles.

Exploration de la Science et de la Nature

Chasse au Trésor Naturelle

Description : Partez à la chasse au trésor dans la nature, cherchant des objets naturels spécifiques (par exemple, pommes de pin, roches) et les nommant.

Avantages : Améliore le vocabulaire, les compétences d'observation et l'exploration en plein air.

Variantes : Concentrez-vous sur différentes catégories d'objets.

Plantation de Graines

Description : Plantez des graines dans des pots ou un petit jardin, permettant à votre tout-petit d'observer et de prendre soin des plantes en croissance.

Avantages : Favorise l'amour du jardinage, la responsabilité et la compréhension de la vie végétale.

Variantes : Plantez différents types de graines.

Cartes d'Observation Météo

Description : Discutez et observez différentes conditions météorologiques avec votre tout-petit, et déterminez ensemble la carte météo qui décrit le mieux les conditions actuelles.

Avantages : Introduit des concepts météorologiques, les compétences d'observation et l'exploration scientifique.

Variantes : Explorez différents motifs météorologiques.

Création d'Hôtel à Insectes

Description : Construisez ensemble un hôtel à insectes en utilisant des matériaux naturels comme des bâtons, des feuilles et des pommes de pin, offrant un abri aux insectes de votre jardin.

Avantages : Favorise l'empathie envers les insectes, la sensibilisation environnementale et les compétences en construction.

Variantes : Expérimentez avec différents designs d'hôtels.

Empreintes d'Animaux

Description : Recherchez des empreintes d'animaux dans la boue ou le sable lors de promenades dans la nature, identifiant les animaux responsables.

Avantages : Améliore les compétences de suivi, la conscience de la nature et la compréhension du comportement animal.

Variantes : Explorez différentes empreintes d'animaux.

Collections Naturelles

Description : Partez en balade naturelle avec votre tout-petit pour collecter et documenter des objets naturels intéressants tels que des feuilles, des roches ou des coquillages.

Avantages : Favorise une connexion avec la nature, les compétences d'observation et l'appréciation de l'extérieur.

Variantes : Créez des collections naturelles thématiques.

Yoga et Relaxation en Plein Air

Description : Pratiquez des exercices simples de yoga et de relaxation en plein air avec votre tout-petit, en se connectant avec la nature et en favorisant la pleine conscience.

Avantages : Améliore la conscience corporelle, la relaxation et la connexion avec le monde naturel.

Variantes : Explorez différentes postures de yoga et techniques de relaxation.

Plantation d'un Jardin à Papillons

Description : Plantez des fleurs et des plantes attrayantes pour les papillons dans votre jardin ou des pots, apprenant les soins des plantes et attirant les papillons.

Avantages : Favorise l'amour du jardinage, la responsabilité et la prise de conscience de l'écosystème.

Variantes : Choisissez différentes plantes attrayantes pour les papillons.

Expériences Scientifiques

Description : Réalisez des expériences scientifiques simples, comme créer un volcan avec du bicarbonate de soude et du vinaigre, ou créez un vortex en reliant deux bouteilles en plastique à moitié remplies d'eau colorée.

Avantages : Stimule la curiosité, la résolution de problèmes et la compréhension scientifique de base.

Variations : Explorez une variété d'expériences scientifiques adaptées à l'âge.

Mini Serre Maison

Description : Créez une petite serre avec des contenants en plastique transparent pour faire pousser des graines ou des plantes à l'intérieur.

Avantages : Enseigne la croissance des plantes, la responsabilité et la compréhension des écosystèmes.

Variantes : Expérimentez avec différents types de graines ou de plantes.

Activités Artistiques et Artisanales

Frottis de Feuilles

Description : Collectez des feuilles de différentes formes et textures et réalisez des frottis de feuilles à l'aide de crayons de cire et de papier, favorisant la créativité et l'exploration.

Avantages : Améliore les compétences motrices fines, l'exploration des textures et l'appréciation de la diversité des feuilles.

Variantes : Explorez des feuilles de différentes couleurs et tailles.

Art d'Ombres Naturelles

Description : Expérimentez la création d'art en utilisant des objets naturels et la lumière du soleil ou d'un projecteur pour projeter des ombres, favorisant l'expression artistique et la créativité.

Avantages : Améliore les compétences motrices fines, la créativité et la compréhension de la lumière et de l'ombre.

Variantes : Explorez différents objets et angles pour l'art des ombres.

Collages Naturels

Description : Collectez des matériaux naturels comme des feuilles, des pétales et des brindilles pour créer des collages avec de la colle et du papier.

Avantages : Favorise la créativité, les compétences motrices fines et une appréciation des textures de la nature.

Variantes : Créez des collages thématiques.

Projets d'Art Recyclé

Description : Mettez à disposition une collection de matériaux recyclables (par exemple, carton, bouchons de bouteilles) pour que les enfants créent des sculptures, des collages ou des œuvres d'art.

Avantages : Favorise la créativité, les compétences motrices fines et la sensibilisation environnementale.

Variantes : Explorez différents matériaux recyclés et projets artistiques.

Enfilage de Perles

Description : Fournissez de grosses perles et des fils pour que les enfants s'entraînent à enfiler. Ils peuvent créer des colliers ou des bracelets.

Avantages : Favorise les compétences motrices fines, la coordination main-œil et la concentration.

Variantes : Utilisez des perles de différentes tailles ou introduisez des motifs.

Collage de Papier

Description : Fournissez du papier coloré et de la colle. Les enfants peuvent déchirer et coller le papier pour créer des collages colorés.

Avantages : Améliore la créativité, les compétences motrices fines et la reconnaissance des couleurs.

Variantes : Explorez différents thèmes de collages.

Estampes Naturelle

Description : Collectez des feuilles, des fleurs, des pommes de pin ou de l'écorce d'arbre. Plongez-les dans de la peinture et utilisez-les pour créer des impressions sur du papier ou du tissu.

Avantages : Favorise la créativité, les compétences motrices fines et une appréciation de la nature.

Variantes : Expérimentez avec différents matériaux naturels et surfaces d'impression.

Activités Musicales et Sonores

Cylindres Sonores Montessori

Description : Introduisez les cylindres sonores Montessori avec des paires de contenants qui produisent des sons correspondants. Encouragez les enfants à faire correspondre les sons.

Avantages : Améliore la discrimination auditive, la reconnaissance des sons et la concentration.

Variantes : Progressez vers des cylindres sonores plus complexes.

Maracas Maison

Description : Aidez les enfants à créer leurs propres maracas en utilisant de petits contenants remplis de riz, de haricots ou de pâtes. Encouragez-les à secouer et à faire de la musique.

Avantages : Favorise la créativité, les compétences motrices fines et les aptitudes rythmiques.

Variantes : Expérimentez avec différents remplissages. Peinturez les maracas ou décorez-les.

Cercle de Tambours en Plein Air

Description : Organisez un cercle de tambours en plein air avec des tambours à main simples, des seaux ou des casseroles. Laissez les enfants explorer le rythme et faire de la musique ensemble.

Avantages : Favorise la conscience du rythme, l'interaction sociale et l'activité physique.

Variantes : Utilisez divers instruments de percussion ou introduisez des motifs rythmiques.

Bocaux Sonores Naturels

Description : Créez des bocaux sonores en remplissant des contenants transparents avec des matériaux naturels comme des pierres, des coquillages ou des pommes de pin. Les enfants peuvent secouer et comparer les sons.

Avantages : Améliore la discrimination auditive, l'exploration sensorielle et le développement du langage.

Variantes : Utilisez différents matériaux naturels pour les bocaux sonores.

Musique avec des Objets du Quotidien

Description : Encouragez les enfants à faire de la musique avec des objets du quotidien tels que des casseroles, des poêles, des cuillères en bois ou des bouteilles en plastique vides.

Avantages : Favorise la créativité, les compétences motrices fines et le jeu imaginatif.

Variantes : Explorez différents objets et créez des "ensembles musicaux".

Xylophone Maison

Description : Aidez les enfants à créer un xylophone simple en utilisant des verres ou des bouteilles remplis de quantités variables d'eau. Ils peuvent expérimenter avec différentes notes.

Avantages : Favorise la compréhension du ton, les compétences motrices fines et les compétences musicales.

Variantes : Utilisez des contenants de différentes tailles pour plus de notes.

3 À 4 ANS

Activités Artistiques et Artisanales

Enfilage de Perles

Description : Proposez des perles et des fils aux enfants d'âge préscolaire pour créer des colliers ou des bracelets.

Avantages : Améliore les compétences motrices fines, la concentration et la créativité.

Variantes : Utilisez des perles de différentes formes et tailles.

Tissage Naturel

Description : Utilisez des matériaux naturels tels que des branches, des feuilles et du fil pour tisser des motifs ou des designs simples.

Avantages : Améliore les compétences motrices fines, la créativité et l'appréciation des matériaux naturels.

Variantes : Expérimentez avec différents motifs de tissage.

Art et Sculptures Naturels

Description : Encouragez les enfants à créer des œuvres d'art et des sculptures en utilisant des matériaux naturels tels que des bâtons, des feuilles et des pierres.

Avantages : Favorise la créativité, les compétences motrices fines et une connexion avec la nature.

Variantes : Expérimentez avec différents matériaux naturels.

Collages Naturels avec Formes

Description : Collectez des matériaux naturels comme des feuilles et créez des collages en utilisant des formes prédéfinies.

Avantages : Favorise la créativité, les compétences motrices fines et la reconnaissance des formes.

Variantes : Utilisez différents matériaux naturels.

Mandalas Naturels

Description : Utilisez des objets naturels tels que des fleurs, des feuilles et des pierres pour créer des motifs de mandala.

Avantages : Améliore les compétences motrices fines, la créativité et l'appréciation de la symétrie.

Variantes : Explorez différents motifs de mandala.

Activités Pratiques de la Vie Quotidienne

Plier le Linge

Description : Apprenez aux enfants d'âge préscolaire à plier leurs propres vêtements, en commençant par des articles simples comme des pantalons et progressivement en passant à des articles plus grands.

Avantages : Améliore les compétences motrices fines, la concentration et le sens des responsabilités.

Variantes : Incluez différents types de vêtements.

Cuisine Simple

Description : Impliquez les enfants dans des tâches culinaires de base telles que mélanger, verser ou étaler, sous une supervision étroite.

Avantages : Développe les compétences culinaires, l'indépendance et la compréhension de la préparation des aliments.

Variantes : Essayez des recettes adaptées à l'âge.

Semis et Soins du Jardin

Description : Encouragez les enfants à planter des graines, à s'occuper d'un jardin et à observer la croissance des plantes.

Avantages : Favorise la compréhension de la biologie des plantes, la responsabilité et une connexion avec la nature.

Variantes : Plantez différents types de graines ou de plantes.

Appariement de Chaussettes

Description : Mélangez des paires de chaussettes et demandez aux enfants de les assortir.

Avantages : Améliore les compétences motrices fines, la concentration et la capacité à reconnaître les couleurs et motifs.

Variantes : Utilisez différents types d'articles vestimentaires.

Disposition de la Table pour les Repas

Description : Apprenez aux enfants à dresser correctement la table pour les repas, y compris la disposition des assiettes, des ustensiles et des serviettes.

Avantages : Favorise l'indépendance, la responsabilité et le savoir-vivre à table.

Variantes : Mettez la table pour différents types de repas (petit-déjeuner, déjeuner, dîner).

Soins des Plantes et Arrosage

Description : Confiez aux enfants la responsabilité de prendre soin des plantes d'intérieur, y compris l'arrosage et l'observation de la croissance.

Avantages : Favorise le sens des responsabilités, la connaissance des plantes et une connexion avec la nature.

Variantes : Prenez soin de différents types de plantes d'intérieur.

Tri de Boutons

Description : Fournissez une variété de boutons et encouragez les enfants à les trier par taille, couleur ou forme.

Avantages : Améliore les compétences motrices fines, les capacités de tri et l'attention aux détails.

Variantes : Utilisez différents petits objets pour le tri comme des élastiques, de la quincaillerie dépareillée ou des pièces de monnaie.

Préparation de Collations

Description : Impliquez les enfants dans la préparation de collations simples comme des brochettes de fruits ou des sandwiches avec des tâches adaptées à leur âge.

Avantages : Améliore les compétences en préparation alimentaire, l'indépendance et la compréhension de la nutrition.

Variantes : Expérimentez avec différentes recettes de collations.

Versage et Transfert d'Eau

Description : Fournissez de l'eau et de petits récipients pour que les enfants pratiquent le versage et le transfert.

Avantages : Développe la coordination main-œil, la concentration et l'indépendance.

Variantes : Utilisez différents récipients et liquides.

Pratique des Bonnes Manières à Table

Description : Enseignez aux enfants les bonnes manières à table, y compris l'utilisation des ustensiles, le placement de la serviette et la mastication avec la bouche fermée.

Avantages : Développe l'étiquette, l'indépendance et les compétences sociales.

Variantes : Organisez une cérémonie de thé pour pratiquer les bonnes manières.

Nouage des Chaussures

Description : Apprenez aux enfants à nouer leurs chaussures, en mettant l'accent sur les oreilles de lapin ou d'autres techniques simples.

Avantages : Améliore les compétences motrices fines et l'indépendance.

Variantes : Utilisez des chaussures avec différentes méthodes de fixation.

Faire le Lit

Description : Montrez aux enfants comment faire leur lit proprement avec des plis et des replis appropriés.

Avantages : Favorise l'ordre et la responsabilité.

Variantes : Créez une liste de contrôle pour faire le lit.

Plantation et Jardinage

Description : Impliquez les enfants dans la plantation et l'entretien de fleurs ou de légumes dans un jardin.

Avantages : Favorise l'amour de la nature, la responsabilité et la connaissance des plantes.

Variantes : Plantez différents types de plantes.

Nettoyage Indépendant

Description : Apprenez aux enfants à nettoyer leur espace de jeu et à ranger jouets et matériaux.

Avantages : Favorise la responsabilité, l'ordre et l'indépendance.

Variantes : Créez une liste de contrôle pour le nettoyage.

Lavage des Mains de Manière Indépendante

Description : Apprenez aux enfants à se laver les mains correctement, en mettant l'accent sur l'utilisation de savon et d'eau.

Avantages : Favorise l'hygiène, l'indépendance et les compétences motrices fines.

Variantes : Utilisez des parfums de savon différents ou des chansons pour se laver les mains.

S'habiller Tout Seul

Description : Encouragez les enfants à s'habiller seuls, en mettant l'accent sur la fermeture à glissière, les boutons et la mise des chaussures ou des bottes.

Avantages : Développe l'autonomie, les compétences motrices fines et la confiance en soi.

Variantes : Pratiquez l'habillement pour différentes conditions météorologiques.

Activités Sensorielles et Motrices Fines

Bouteilles Sensorielles Parfumées

Description : Ensemble, créez des bouteilles sensorielles remplies de matériaux parfumés tels que des herbes, des épices ou des fleurs pour l'exploration sensorielle.

Avantages : Stimule le sens de l'odorat, la concentration et la conscience sensorielle.

Variantes : Utilisez différents matériaux parfumés.

Cartes à Enfiler et à Lacer

Description : Fournissez des cartes à enfiler avec des trous pour que les enfants pratiquent l'enfilage avec du fil ou des lacets.

Avantages : Développe les compétences motrices fines, la coordination main-œil et la patience.

Variantes : Utilisez différentes cartes à enfiler.

Bacs Sensoriels avec Lettres et Chiffres

Description : Créez des bacs sensoriels avec des matériaux comme du riz ou des haricots et cachez-y des lettres et des chiffres pour la reconnaissance et le comptage.

Avantages : Stimule la perception sensorielle, la reconnaissance des lettres et des chiffres, et les compétences motrices fines.

Variantes : Utilisez différents matériaux sensoriels.

Créations en Pâte à Modeler avec Motifs et Formes

Description : Fournissez de la pâte à modeler aux enfants pour qu'ils créent des motifs et des formes.

Avantages : Améliore les compétences motrices fines, la créativité et la pensée mathématique.

Variantes : Explorez différents motifs et formes.

Pâte à Modeler Parfumée

Description : Fabriquez de la pâte à modeler parfumée en utilisant des ingrédients naturels comme des herbes ou des fleurs pour le jeu sensoriel.

Avantages : Stimule le sens de l'odorat, la créativité et les compétences motrices fines.

Variantes : Utilisez des parfums et des couleurs différents.

Tableau Sensoriel

Description : Créez un tableau sensoriel avec différents matériaux texturés et des pièces interactives sécuritaires comme des serrures, des chaînes, des engrenages, des interrupteurs, etc.

Avantages : Développe la discrimination tactile, la conscience sensorielle et les compétences motrices fines.

Variantes : Incluez différentes quincailleries, textures et matériaux.

Activités de Langage et de Communication

Contes avec Marionnettes et Accessoires

Description : Encouragez les enfants à créer des histoires en utilisant des marionnettes et des accessoires.

Avantages : Améliore le développement du langage, les compétences en narration et la créativité.

Variantes : Créez différents personnages de marionnettes pour différents décors.

Jeu d'Association des Sons de Lettres

Description : Associez des objets ou des images à leurs sons de lettres initiaux pour renforcer la phonétique.

Avantages : Développe la conscience phonémique, l'association lettre-son et le vocabulaire.

Variantes : Concentrez-vous sur des sons de lettres spécifiques.

Pierres à Histoires de la Nature

Description : Peignez ou dessinez des images d'objets naturels sur des pierres et utilisez-les pour créer des histoires sur le thème de la nature.

Avantages : Améliore le développement du langage, les compétences en narration et la créativité.

Variantes : Créez des pierres à histoires avec différents thèmes.

Chasse au Trésor de l'Alphabet de la Nature

Description : Organisez des chasses au trésor où les enfants trouvent des objets naturels commençant par des lettres spécifiques de l'alphabet.

Avantages : Favorise la reconnaissance des lettres, le vocabulaire et la connexion avec la nature.

Variantes : Varier les lettres ou les habitats.

Construction de Mots avec des Lettres Magnétiques

Description : Utilisez des lettres magnétiques pour construire des mots et des phrases simples sur un tableau magnétique ou sur le frigo.

Avantages : Développe les compétences en littératie, l'orthographe et le vocabulaire.

Variantes : Explorez différentes familles de mots et structures de phrases.

Livres d'Images et Contes

Description : Lisez des livres d'images ensemble et encouragez les enfants à créer leurs propres histoires basées sur les illustrations.

Avantages : Améliore le développement du langage, les compétences en narration et la créativité.

Variantes : Explorez des livres de différents genres.

Conte en Plein Air

Description : Pratiquez la narration en plein air, en prenant tour à tour pour créer des contes imaginatifs basés sur l'environnement naturel, favorisant l'imagination et le développement du langage.

Avantages : Encourage la créativité, le développement du langage et la connexion avec la nature.

Variantes : Explorez différents thèmes de narration.

Activités Mathématiques et Numériques

Compter avec des Objets Naturels

Description : Collectez des objets naturels comme des pommes de pin ou des glands et utilisez-les pour des activités de comptage et de mathématiques.

Avantages : Améliore les compétences en comptage, la reconnaissance des nombres et la compréhension mathématique.

Variantes : Comptez différents types d'objets naturels.

Mesurer et Comparer

Description : Utilisez des outils de mesure simples comme des règles ou des rubans à mesurer pour comparer et mesurer des objets.

Avantages : Introduit des concepts de mesure, des compétences de comparaison et la pensée mathématique.

Variantes : Explorez différents objets et unités de mesure.

Compter de l'Argent et Jeu de Magasin

Description : Créez un magasin de jeu avec de l'argent fictif pour que les enfants pratiquent le comptage et les achats.

Avantages : Développe les compétences mathématiques de base, la conscience de l'argent et les capacités de jeu de rôle.

Variantes : Ajoutez des étiquettes de prix aux articles ou changez la devise.

Motifs de la Nature et Géométrie

Description : Explorez les motifs et la géométrie dans la nature en examinant les feuilles, les fleurs et les objets naturels.

Avantages : Améliore la reconnaissance des motifs, la compréhension de la symétrie et l'appréciation de la beauté naturelle.

Variantes : Collectez divers objets naturels pour étudier les motifs.

Reconnaissance des Formes et Construction

Description : Introduisez des formes géométriques et encouragez les enfants d'âge préscolaire à construire des structures en utilisant ces formes.

Avantages : Améliore la reconnaissance des formes, les compétences spatiales et la résolution créative de problèmes.

Variantes : Explorez différentes formes et créez des structures de plus en plus complexes.

Jeux de Nombres et Casse-tête Mathématiques

Description : Jouez à des jeux de nombres et résolvez des casse-tête mathématiques impliquant le comptage, l'addition et la soustraction.

Avantages : Développe les compétences numériques, les capacités de résolution de problèmes et la pensée mathématique.

Variantes : Explorez différents concepts mathématiques et niveaux de difficulté.

Création de Motifs avec des Couleurs

Description : Créez des motifs en utilisant des matériaux colorés tels que des perles ou des boutons.

Avantages : Améliore la reconnaissance des motifs, la séquence et la sensibilisation aux couleurs.

Variantes : Expérimentez avec différentes couleurs et formes.

Activités d'Exploration Scientifique et Naturelle

Description : Construisez un volcan en utilisant du papier mâché et de la peinture, puis réalisez une expérience de volcan basique en utilisant du bicarbonate de soude et du vinaigre pour démontrer une éruption volcanique.

Avantages : Stimule la curiosité scientifique, introduit les réactions chimiques de base et encourage l'apprentissage pratique.

Variantes : Explorez différentes formes de volcan en utilisant des matériaux différents tels que le sable, la mousse, la terre ou les roches.

Observation des Nuages et Identification

Description : Allongez-vous sur une pelouse et observez les nuages, identifiant différents types de nuages et discutant de la météo.

Avantages : Encourage l'observation des nuages et de la météo, la curiosité et l'intérêt scientifique.

Variantes : Explorez différentes formations nuageuses.

Observations Saisonnières et Art

Description : Observez et discutez des changements de saisons et créez des projets artistiques thématiques pour chaque saison.

Avantages : Enseigne sur le monde naturel, les saisons et la créativité.

Variantes : Explorez différentes techniques artistiques saisonnières.

Observation des Oiseaux et Identification

Description : Installez des mangeoires à oiseaux et observez différentes espèces d'oiseaux, les identifiant à l'aide de guides ornithologiques.

Avantages : Favorise l'appréciation de la faune, les compétences d'observation et la compréhension du comportement des oiseaux.

Variantes : Concentrez-vous sur des types spécifiques d'oiseaux.

Expérience de Germination de Graines

Description : Réalisez une expérience simple de germination de graines pour montrer comment les plantes poussent à partir des graines. Placez différentes graines dans des mouchoirs en papier humides et observez le processus de germination au cours des prochains jours.

Avantages : Nourrit la compréhension de la biologie des plantes et la curiosité scientifique.

Variantes : Essayez différents types de graines.

Cycle de Vie des Plantes et Jardinage

Description : Enseignez aux enfants d'âge préscolaire le cycle de vie des plantes et impliquez-les dans des activités de jardinage.

Avantages : Nourrit la compréhension de la biologie des plantes, la responsabilité et l'amour du jardinage.

Variantes : Plantez différents types de plantes et explorez différentes étapes du cycle de vie des plantes.

Chasse au Trésor dans la Nature

Description : Organisez des chasses au trésor dans la nature, où les enfants d'âge préscolaire recherchent des objets naturels spécifiques comme des pommes de pin ou des plumes.

Avantages : Favorise les compétences d'observation, la connexion à la nature et un sens de l'aventure.

Variantes : Changez les objets à trouver ou explorez différents endroits en plein air.

Tableau Météo et Observations

Description : Créez un tableau météo et demandez aux enfants d'âge préscolaire d'observer et d'enregistrer la météo quotidienne.

Avantages : Introduit les concepts météorologiques, les compétences d'observation et l'exploration scientifique.

Variantes : Explorez différentes tendances météorologiques.

Création d'Hôtel à Insectes

Description : Construisez ensemble un hôtel à insectes en utilisant des matériaux naturels tels que des bâtons, des feuilles et des pommes de pin, offrant un abri aux insectes de votre jardin, favorisant l'empathie envers les insectes et la sensibilisation à l'environnement.

Avantages : Nourrit l'empathie envers les insectes, la sensibilisation à l'environnement et les compétences en construction.

Variantes : Expérimentez avec différentes conceptions d'hôtels.

Géographie et Activités Culturelles

Cuisine Autour du Monde

Description : Explorez les cuisines de différents pays en cuisinant des repas inspirés de diverses cultures.

Avantages : Encourage la sensibilisation culturelle, les compétences culinaires et une perspective mondiale.

Variantes : Concentrez-vous sur des plats de régions spécifiques.

Puzzle de Géographie Mondiale

Description : Initiez les enfants d'âge préscolaire à la géographie mondiale en assemblant des puzzles avec des cartes des continents et des pays.

Avantages : Favorise la conscience géographique, la résolution de problèmes et les compétences de lecture de cartes.

Variantes : Utilisez des puzzles de différentes régions ou de monuments emblématiques.

Lecture de Cartes et Chasse au Trésor

Description : Enseignez aux enfants les compétences de base en lecture de cartes en créant des cartes au trésor et en partant à la chasse au trésor.

Avantages : Favorise la conscience spatiale, la résolution de problèmes et un sentiment d'aventure.

Variantes : Créez différents scénarios de chasse au trésor.

Journée de Déguisements Culturels et de Célébration

Description : Explorez les cultures du monde entier en se déguisant avec des vêtements traditionnels et en découvrant les coutumes de célébration culturelle à travers des livres, des histoires et des activités.

Avantages : Encourage la sensibilisation culturelle, le respect de la diversité et le jeu imaginatif.

Variantes : Concentrez-vous sur des cultures spécifiques et leurs tenues.

Exploration de Cartes et Globes

Description : Présentez des cartes, des globes et des atlas pour enseigner des concepts de géographie de base, y compris les continents et les pays.

Avantages : Favorise la conscience géographique, les compétences de lecture de cartes et la compréhension mondiale.

Variantes : Explorez des cartes de différentes régions et continents.

Cartes et Formes de Relief

Description : Présentez des cartes des environs et explorez différentes formes de relief comme les montagnes et les rivières, puis visitez ces endroits sur place.

Avantages : Favorise la conscience géographique et la compréhension du monde.

Variantes : Mettez l'emphase sur différents éléments géographiques.

4 À 5 ANS

Activités d'Exploration Scientifique et Naturelle

Chasse au Trésor Nature

Description : Organisez des chasses au trésor dans des environnements naturels, encourageant les enfants à trouver et identifier des objets ou des espèces spécifiques.

Avantages : Stimule les compétences d'observation, l'appréciation de la nature et la résolution de problèmes.

Variantes : Axées sur différents thèmes ou écosystèmes.

Exploration du Système Solaire

Description : Apprenez sur le système solaire en créant un modèle, en discutant des planètes et en explorant le concept de l'espace.

Avantages : Favorise l'intérêt pour l'astronomie, les connaissances scientifiques et la compréhension du système solaire.

Variantes : Explorez différents aspects de l'espace.

Projet de Conservation de l'Environnement

Description : Collaborez sur un projet de conservation, tel que la plantation d'arbres ou le nettoyage d'un parc local, en discutant de l'importance de la conservation.

Avantages : Favorise la sensibilisation environnementale, le sens des responsabilités et l'engagement communautaire.

Variantes : Participez à différents projets de conservation.

Exploration du Monde Microscopique

Description : Utilisez des microscopes pour explorer le monde microscopique, discutant des micro-organismes et de l'importance de la vie microscopique.

Avantages : Renforce la curiosité scientifique, les compétences d'observation et la compréhension du microcosme.

Variantes : Explorez différents spécimens microscopiques.

Expérience d'Érosion par l'Eau

Description : Effectuez une expérience simple pour démontrer comment l'érosion par l'eau façonne les paysages en creusant des tranchées dans le sable pour y faire couler de l'eau.

Avantages : Éveille la curiosité pour la géologie, introduit des concepts d'érosion et encourage l'expérimentation.

Variantes : Expérimentez avec différents scénarios d'érosion.

Propagation des Plantes

Description : Explorez les techniques de propagation des plantes, y compris le semis, les boutures et la greffe.

Avantages : Éveille la curiosité pour la biologie végétale, les compétences en jardinage et l'amour du verdoyant.

Variantes : Propagez différentes espèces végétales.

Physique du Vol

Description : Explorez la physique du vol en créant des avions en papier, des cerfs-volants et d'autres objets volants.

Avantages : Encourage la curiosité scientifique, introduit des concepts de physique et favorise l'expérimentation.

Variantes : Expérimentez avec différents designs de vol.

Nuits d'Astronomie

Description : Explorez le ciel nocturne en observant les étoiles, les planètes et les constellations lors de séances d'observation des étoiles.

Avantages : Favorise l'intérêt pour l'astronomie, la curiosité scientifique et la conscience du ciel nocturne.

Variantes : Axez l'activité sur différents événements célestes.

Classification de la Nature

Description : Étudiez la classification en catégorisant des objets naturels en groupes basés sur des critères spécifiques.

Avantages : Améliore les compétences de classification, la pensée scientifique et l'observation.

Variantes : Classez différents ensembles d'objets naturels.

Observations Météorologiques

Description : Tenez un journal météorologique, enregistrant les observations quotidiennes et discutant des tendances météorologiques.

Avantages : Encourage la curiosité scientifique, la compréhension météorologique et la collecte de données.

Variantes : Suivez la météo pour différentes saisons.

Étude des Insectes

Description : Explorez le monde des insectes en observant, identifiant et apprenant sur leurs habitats et comportements.

Avantages : Fomente la curiosité, les connaissances sur les insectes et les compétences d'observation.

Variantes : Axées sur des types spécifiques d'insectes.

Activités Artistiques et Artisanales

Collage Nature

Description : Rassemblez une variété de matériaux naturels tels que feuilles, brindilles, fleurs et cailloux. Fournissez aux enfants du papier et de la colle pour créer un collage avec ces matériaux.

Avantages : Encourage l'observation de la nature, l'expression artistique, les compétences motrices fines et la compréhension de l'environnement.

Variantes : Utilisez différents thèmes comme sous-marin, jungle ou saisons pour varier les matériaux du collage.

Exploration de la Peinture Sensorielle

Description : Préparez des peintures sensorielles maison en mélangeant de la farine, de l'eau et des colorants alimentaires. Les enfants peuvent utiliser leurs doigts, pinceaux ou éponges pour peindre et explorer les textures.

Avantages : Améliore la perception sensorielle, la créativité, les compétences motrices fines et la reconnaissance des couleurs.

Variantes : Expérimentez avec différentes textures, comme l'ajout de sable pour une texture granuleuse ou l'utilisation de peinture parfumée pour une stimulation olfactive.

Art avec du Fil

Description : Fournissez un morceau de bois, des clous et des fils colorés. Les enfants peuvent créer des motifs géométriques ou leurs propres dessins en enroulant le fil autour des clous.

Avantages : Favorise la concentration, la coordination main-œil et la compréhension géométrique.

Variantes : Changez le matériau de base pour du carton ou utilisez différentes formes comme des animaux ou des lettres comme base.

Mosaïque de Graines

Description : Proposez une variété de graines (par exemple, lentilles, haricots et riz) et de la colle. Les enfants peuvent créer de magnifiques dessins de mosaïque sur du carton en utilisant ces graines.

Avantages : Encourage les compétences motrices fines, la patience et introduit le concept de motifs.

Variantes : Utilisez des graines colorées, disposez les graines pour créer des formes ou motifs spécifiques, ou créez un projet plus important au fil du temps.

Sculptures en Argile

Description : Fournissez de l'argile souple et malléable pour sculpter. Les enfants peuvent utiliser leur imagination pour créer des sculptures, des animaux ou des designs abstraits.

Avantages : Développe les compétences motrices fines, la conscience spatiale en 3D et favorise la créativité.

Variantes : Essayez différents types d'argile, comme l'argile auto-durcissante ou l'argile polymère, ou introduisez des outils de sculpture pour des designs plus complexes.

Pressage de Feuilles et de Fleurs

Description : Collectez des feuilles et des fleurs. Placez-les entre des feuilles de papier et pressez-les dans un livre lourd. Après quelques jours, utilisez ces feuilles et fleurs pressées pour créer de l'art.

Avantages : Enseigne la patience, l'observation et l'appréciation de la beauté de la nature.

Variantes : Expérimentez avec différents types de papier, ou créez des cartes de vœux et des marque-pages avec les matériaux pressés.

Sculptures avec des Matériaux Recyclés

Description : Rassemblez des matériaux recyclables tels que du carton, des bouteilles en plastique et des cartons d'œufs. Fournissez des ciseaux adaptés aux enfants et de la colle pour créer des sculptures à partir de ces objets.

Avantages : Encourage la créativité, la sensibilisation environnementale et les compétences motrices fines.

Variantes : Utilisez des articles recyclables spécifiques pour créer une sculpture thématique, comme fabriquer un robot à partir de vieilles boîtes.

Art avec du Papier Sablé

Description : Placez du papier sablé sous une feuille de papier ordinaire et laissez les enfants frotter des crayons ou des pastels pour créer des dessins texturés.

Avantages : Améliore l'exploration sensorielle, les compétences motrices fines et introduit les concepts de texture.

Variantes : Utilisez des grains de papier sablé différents pour des textures variées ou essayez cette technique avec différents outils de coloration comme l'aquarelle ou les pastels à l'huile.

Enfilage de Perles

Description : Fournissez des perles et des fils. Les enfants peuvent enfiler les perles pour créer des colliers ou des bracelets.

Avantages : Développe la coordination main-œil, les compétences motrices fines et la reconnaissance de motifs.

Variantes : Utilisez différentes formes et couleurs de perles, ou introduisez des perles alphabétiques pour la pratique de l'orthographe.

Collage avec du Papier Déchiré

Description : Offrez une variété de papiers colorés et encouragez les enfants à déchirer et coller les morceaux de papier pour créer des images et des designs.

Avantages : Améliore les compétences motrices fines, la créativité et la compréhension des formes et des textures.

Variantes : Expérimentez avec différents types de papier, tels que le papier de soie, des découpages de magazines ou du papier d'emballage.

Tricot avec de la Laine

Description : Apprenez aux enfants à tricoter avec leurs doigts en utilisant de la laine. Ils peuvent créer des écharpes, des bandeaux ou des bracelets simples.

Avantages : Améliore les compétences motrices fines, la coordination main-œil et la patience.

Variantes : Expérimentez avec différents types et couleurs de laine, ou guidez les enfants dans la création de motifs de tricot plus complexes.

Frottis de Feuilles

Description : Collectez des feuilles de différents arbres. Placez une feuille sous une feuille de papier et frottez un crayon dessus pour créer des empreintes de feuilles.

Avantages : Enseigne l'observation, les compétences motrices fines et présente aux enfants la diversité de la nature.

Variantes : Explorez différents types de feuilles, créez un livre d'identification des feuilles, ou incorporez les frottis dans des projets artistiques plus importants.

Art des Ombres

Description : Mettez en place une table avec une source lumineuse forte et divers objets comme des jouets ou des figurines. Les enfants peuvent créer de l'art en traçant les ombres de ces objets sur du papier.

Avantages : Encourage l'observation, la compréhension de la lumière et de l'ombre, et la créativité.

Variantes : Expérimentez avec différents angles de lumière et objets pour créer un art des ombres diversifié.

Peinture sur Roches

Description : Collectez des roches lisses et plates et fournissez de la peinture et des pinceaux. Les enfants peuvent peindre des dessins imaginatifs ou des créatures sur les roches.

Avantages : Améliore la créativité, les compétences motrices fines et l'appréciation de la nature.

Variantes : Peignez des roches avec des thèmes tels que des animaux, des insectes ou des messages inspirants. Vous pouvez également vernir les roches pour une finition brillante.

Teinture Naturelle

Description : Rassemblez des fleurs, des feuilles et des baies. Les enfants peuvent utiliser ces matériaux naturels pour teindre du tissu ou du papier.

Avantages : Encourage la reconnaissance de la nature, la créativité et introduit le concept du mélange des couleurs.

Variantes : Expérimentez avec différents tissus et matériaux, ou créez des designs uniques en utilisant différentes combinaisons de teintures naturelles.

Jardin de Sculptures

Description : Fournissez de l'argile aux enfants et encouragez-les à sculpter de petites figurines. Créez un jardin de sculptures miniatures en plaçant ces sculptures dans une zone désignée.

Avantages : Développe les compétences motrices fines, encourage la créativité et favorise l'appréciation de l'art.

Variantes : Considérez l'ajout d'éléments naturels tels que des cailloux, de petites plantes ou des coquillages au jardin de sculptures pour une touche unique.

Lettres Enveloppées de Fil

Description : Écrivez des lettres ou des mots sur des morceaux de carton. Les enfants peuvent enrouler du fil coloré autour de ces lettres pour créer de l'art texturé et tactile.

Avantages : Améliore les compétences motrices fines, la reconnaissance des lettres et introduit les concepts de littératie précoce.

Variantes : Personnalisez cette activité en fonction du prénom de l'enfant ou de ses mots préférés. Expérimentez avec différentes couleurs et types de fils.

Instruments de Musique Maison

Description : Encouragez les enfants à fabriquer des instruments de musique simples comme des shakers avec des contenants vides et des haricots secs, ou des tambours avec des boîtes de café vides.

Avantages : Favorise la créativité, le rythme et la compréhension du son et de la musique.

Variantes : Expérimentez avec différents matériaux et tailles pour créer une variété d'instruments faits maison, tels que des tambourins ou des bâtons de pluie.

Estampes Naturelles à Motifs

Description : Collectez des feuilles, des fleurs et d'autres matériaux naturels. Les enfants peuvent tremper ces objets dans de la peinture et créer des empreintes à motifs sur du papier ou du tissu.

Avantages : Encourage l'appréciation de la nature, introduit les motifs et favorise la créativité.

Variantes : Utilisez des peintures de couleurs différentes ou expérimentez avec diverses surfaces d'impression telles que la toile ou le tissu.

Tampons de Fruits et Légumes

Description : Coupez des fruits et légumes tels que des pommes, des pommes de terre et du céleri en deux. Trempez-les dans de la peinture et utilisez-les comme tampons pour créer des œuvres d'art.

Avantages : Introduit différentes textures et formes, améliore la créativité et enseigne les fruits et légumes.

Variantes : Essayez différents fruits et légumes pour créer des motifs et œuvres d'art diversifiés.

Origami

Description : Fournissez aux enfants des morceaux de papier carrés et apprenez-leur des pliages d'origami simples pour créer divers animaux en papier, des fleurs ou des formes.

Avantages : Améliore les compétences motrices fines, la patience et introduit les concepts de géométrie.

Variantes : Commencez par des designs d'origami de base et progressez graduellement vers des modèles plus complexes à mesure que l'enfant devient plus habile.

Peinture Murale Collaborative

Description : Fournissez une grande feuille de papier ou de carton et laissez les enfants collaborer sur une fresque en peignant ensemble.

Avantages : Favorise le travail d'équipe, la créativité et permet aux enfants de s'exprimer dans un projet de groupe.

Variantes : Thématisez la fresque en fonction des intérêts des enfants ou de la saison, ou utilisez diverses techniques de peinture telles que la peinture au doigt ou la projection de peinture.

Activités Pratiques de la Vie Quotidienne

Connaissances Électriques de Base

Description : Initiez les enfants aux connaissances électriques de base, en leur enseignant les prises électriques, les fiches et les règles de sécurité.

Avantages : Favorise la sensibilisation à la sécurité, les compétences pratiques et la compréhension de l'électricité.

Variantes : Explorez différents appareils électriques.

Entretien de Base de la Voiture

Description : Enseignez aux enfants des compétences de base en matière d'entretien automobile, telles que la vérification de la pression des pneus et du niveau d'huile.

Avantages : Favorise la sécurité, les compétences pratiques et la compréhension de l'entretien des véhicules.

Variantes : Explorez différents aspects de l'entretien automobile.

Plantation et Récolte

Description : Poursuivez l'exploration du jardinage en impliquant les enfants dans la plantation et la récolte de légumes ou de fruits.

Avantages : Favorise la compréhension de la production alimentaire, la responsabilité et la durabilité.

Variantes : Faites pousser différents types de cultures.

Secourisme de Base

Description : Enseignez aux enfants des compétences de secourisme de base telles que l'application de pansements, le nettoyage et la désinfection des coupures et écorchures mineures.

Avantages : Favorise la sécurité, l'autonomie et la préparation en cas d'urgence.

Variantes : Pratiquez différentes techniques de premiers secours et différents scénarios.

Organisation d'un Placard

Description : Impliquez les enfants dans l'organisation de leur propre placard, en rangeant les vêtements par type, saison ou couleur.

Avantages : Développe les compétences d'organisation, l'indépendance et le sens de l'ordre.

Variantes : Organisez différentes sections du placard.

Menuiserie de Base

Description : Initiez les enfants à la menuiserie de base avec des outils adaptés à leur âge pour créer des projets simples en bois.

Avantages : Favorise le savoir-faire, les compétences motrices fines et la créativité.

Variantes : Explorez différents projets de menuiserie.

Couture de Base

Description : Enseignez aux enfants des compétences de couture de base à l'aide d'aiguilles adaptées aux enfants, de tissu et de techniques de couture simples.

Avantages : Améliore les compétences motrices fines, la patience et introduit une compétence pratique.

Variantes : Créez des projets de couture simples comme une décoration en feutre.

Nouage des Lacets

Description : Apprenez aux enfants d'âge préscolaire à nouer leurs lacets, en commençant par des nœuds simples et en progressant vers des boucles.

Avantages : Améliore les compétences motrices fines et l'indépendance.

Variantes : Entraînez-vous avec différents types de lacets.

Cuisiner des Repas

Description : Impliquez les enfants d'âge préscolaire dans des tâches culinaires plus complexes, telles que mesurer les ingrédients et suivre des recettes.

Avantages : Développe les compétences culinaires, les concepts mathématiques et une appréciation de la préparation des aliments.

Variantes : Explorez des cuisines et des plats divers.

Mise en Place de la Table

Description : Apprenez aux enfants d'âge préscolaire à mettre la table de manière indépendante, en disposant assiettes, ustensiles et verres.

Avantages : Favorise l'indépendance, les compétences motrices fines et l'étiquette à table.

Variantes : Mettez la table pour différents repas ou occasions.

Lavage de la Vaisselle

Description : Impliquez les enfants dans le lavage de la vaisselle, en commençant par des articles incassables et en progressant graduellement vers des objets plus délicats.

Avantages : Développe la responsabilité, la coordination main-œil et les compétences pratiques de la vie quotidienne.

Variantes : Utilisez différents types de vaisselle et d'ustensiles.

Soins des Plantes et Jardinage

Description : Confiez aux enfants la responsabilité de prendre soin d'un jardin, y compris la plantation, le désherbage et la récolte.

Avantages : Favorise la compréhension de la biologie des plantes, la responsabilité et une connexion avec la nature.

Variantes : Plantez différents types de légumes ou de fleurs.

Activités Sensorielles et Motrices Fines

Construction avec des Blocs

Description : Encouragez les enfants à construire des structures en utilisant des blocs en bois, favorisant la créativité et la résolution de problèmes.

Avantages : Améliore la perception spatiale, les compétences motrices fines et le jeu imaginatif.

Variantes : Construisez différents types de structures.

Aromathérapie avec des Herbes

Description : Explorez l'aromathérapie en faisant sécher des herbes et en les utilisant pour créer des sachets parfumés ou un pot-pourri.

Avantages : Améliore la perception sensorielle, la relaxation et la compréhension des odeurs.

Variantes : Expérimentez avec différentes herbes et parfums.

Photographie de la Nature

Description : Initiez les enfants à la photographie en leur permettant de prendre des photos du monde naturel et en discutant de leurs observations.

Avantages : Développe les compétences d'observation, la créativité et l'appréciation de la photographie.

Variantes : Explorez différents thèmes de photographie.

Livre d'Exploration des Textures

Description : Créez un livre d'exploration tactile avec des pages présentant différentes textures pour que les enfants puissent toucher et décrire.

Avantages : Améliore la perception sensorielle, le vocabulaire et les compétences motrices fines.

Variantes : Incluez différentes textures et matériaux.

Art avec du Fil

Description : Explorez l'art avec du fil en utilisant des épingles, des fils et un tableau en liège pour créer des motifs géométriques ou des images.

Avantages : Favorise la créativité, les compétences motrices fines et la compréhension de la géométrie.

Variantes : Expérimentez avec différents designs et couleurs.

Poterie et Sculpture à l'Argile

Description : Initiez à la poterie et à la sculpture à l'argile, permettant aux enfants de créer de l'art en trois dimensions.

Avantages : Favorise la créativité, les compétences motrices fines et la compréhension de l'art sculptural.

Variantes : Expérimentez avec différents types d'argile et de techniques.

Tissage Naturel

Description : Utilisez des matériaux naturels tels que de longues herbes ou des branches pour créer des projets de tissage simples.

Avantages : Améliore les compétences motrices fines, la créativité et l'appréciation des matériaux naturels.

Variantes : Explorez différents motifs de tissage.

Art Naturel avec des Objets Trouvés

Description : Utilisez des objets naturels tels que des bâtons, des feuilles et des pierres pour créer des sculptures ou des collages.

Avantages : Stimule la créativité, les compétences motrices fines et l'appréciation des matériaux naturels.

Variantes : Explorez différentes formes d'art et thèmes.

Enfilage de Perles

Description : Fournissez des perles et des fils aux enfants d'âge préscolaire pour qu'ils enfilent et créent des bijoux ou des motifs.

Avantages : Améliore les compétences motrices fines, la concentration et la créativité.

Variantes : Utilisez des perles de formes et de matériaux différents.

Activités de Langage et de Communication

Jeu du Mime

Description : Remplissez un bol de noms d'animaux, de personnages ou de personnes sur des morceaux de papier, pigez un nom et essayez de faire deviner à l'autre personne en imitant en silence.

Avantages : Stimule la créativité, la résolution de problèmes et le travail d'équipe.

Variantes : Utilisez un sablier et essayez de deviner autant d'animaux, de personnages ou de personnes que possible dans un laps de temps défini.

Contes Inspirés par la Nature

Description : Encouragez les enfants à créer des histoires inspirées par la nature, en utilisant des éléments tels que des animaux, des arbres et des paysages.

Avantages : Stimule les compétences de narration, le développement du langage et l'imagination.

Variantes : Explorez différents thèmes naturels.

Apprentissage Bilingue

Description : Initiez les enfants à une nouvelle langue, favorisant le bilinguisme à travers des chansons, des histoires et des conversations de base.

Avantages : Améliore le développement du langage, les compétences cognitives et la sensibilisation culturelle.

Variantes : Explorez différentes langues.

Contes Créatifs

Description : Encouragez les enfants à créer et à illustrer leurs propres histoires, favorisant les compétences de narration et l'expression artistique.

Avantages : Stimule les capacités narratives, la créativité et les compétences motrices fines.

Variantes : Explorez différents genres d'histoires.

Contes avec Marionnettes

Description : Encouragez les enfants d'âge préscolaire à créer et à jouer des spectacles de marionnettes, développant les compétences de narration et la créativité.

Avantages : Améliore le développement du langage, l'imagination et le jeu dramatique.

Variantes : Créez des personnages de marionnettes pour différentes histoires.

Compréhension de la Lecture

Description : Lisez des livres adaptés à l'âge et engagez les enfants d'âge préscolaire dans des discussions sur l'histoire, les personnages et les leçons.

Avantages : Améliore les compétences de compréhension, le vocabulaire et la pensée critique.

Variantes : Explorez des livres de différents genres et cultures.

Activités Mathématiques et Numériques

Lecture de l'Heure avec des Cadrans Solaires

Description : Apprenez la lecture de l'heure en créant et en utilisant des cadrans solaires simples en carton.

Avantages : Favorise la conscience du temps, la compréhension des cadrans solaires et les compétences d'observation.

Variantes : Explorez des cadrans solaires dans différents endroits.

Géométrie Inspirée par la Nature

Description : Explorez les concepts de géométrie à l'aide d'objets naturels, en discutant des formes, des angles et de la symétrie.

Avantages : Développe la compréhension de la géométrie, les compétences mathématiques et l'observation.

Variantes : Explorez différents concepts géométriques.

Exploration des Fractions

Description : Initiez les enfants aux fractions en utilisant des objets naturels tels que des fruits ou des formes pour illustrer les fractions.

Avantages : Développe la compréhension des fractions, les compétences mathématiques et la résolution de problèmes.

Variantes : Commencez avec des fractions simples comme des demies et progressez vers des fractions plus complexes.

Défis Mathématiques avec l'Argent

Description : Créez des défis mathématiques liés à l'argent où les enfants résoudent des problèmes impliquant des additions, des soustractions et des calculs monétaires.

Avantages : Développe la littératie financière, les compétences mathématiques et la résolution de problèmes.

Variantes : Explorez différents défis mathématiques.

Problèmes Mathématiques Narratifs

Description : Créez des problèmes mathématiques basés sur des situations de la vie réelle et encouragez les enfants à les résoudre.

Avantages : Développe les compétences mathématiques, les capacités de résolution de problèmes et le raisonnement mathématique.

Variantes : Explorez différents concepts mathématiques.

Gestion de l'Argent

Description : Initiez les enfants à la gestion de l'argent de base, y compris l'épargne, les dépenses et la budgétisation pour de petites dépenses.

Avantages : Développe la littératie financière, les compétences mathématiques et la responsabilité.

Variantes : Explorez différents scénarios financiers.

Activités du Calendrier

Description : Enseignez aux enfants les calendriers, les jours de la semaine, les mois et les événements spéciaux à travers des activités liées au calendrier, comme la création d'un calendrier de l'Avent au chocolat fait maison. Vous pouvez aussi leur poser des questions qui les forcent à compter les jours, les semaines ou les mois.

Avantages : Favorise la conscience du temps, les compétences calendaires et l'organisation.

Variantes : Créez des calendriers à thème.

Décompte de Collections

Description : Collectez des objets de la nature tels que des feuilles ou des roches et pratiquez le comptage et le regroupement.

Avantages : Développe les compétences de comptage, la reconnaissance des nombres et les concepts mathématiques de base.

Variantes : Regroupez selon divers critères.

Chasse au Trésor des Formes

Description : Organisez des chasses au trésor thématiques sur les formes dans la nature, en cherchant des objets qui correspondent à des formes spécifiques.

Avantages : Améliore la reconnaissance des formes, la compréhension de la géométrie et les compétences d'observation.

Variantes : Concentrez-vous sur différentes formes.

Activités Géographiques et Culturelles

Aventures Cartographiques

Description : Partez pour des aventures cartographiques où les enfants utilisent des cartes pour naviguer et explorer différents endroits.

Avantages : Favorise les compétences de lecture de carte, la conscience géographique et l'exploration.

Variantes : Explorez différentes cartes et destinations.

Drapeaux du Monde

Description : Apprenez les drapeaux du monde entier, discutant de leur symbolisme et des pays qu'ils représentent.

Avantages : Favorise la sensibilisation culturelle, la reconnaissance des drapeaux et une perspective globale.

Variantes : Explorez les drapeaux de différents continents.

Expériences Culinaires Culturelles

Description : Réalisez des expériences culinaires en recréant des plats traditionnels de différentes cultures, en discutant de leurs ingrédients et de leur histoire.

Avantages : Encourage l'appréciation culturelle, les compétences culinaires et la conscience mondiale.

Variantes : Explorez des plats de pays spécifiques.

Jeu de Société de Géographie Mondiale

Description : Jouez à un jeu de société à thème géographique qui explore les pays du monde.

Avantages : Favorise la conscience géographique, la pensée critique et les connaissances mondiales.

Variantes : Essayez différents jeux de société de géographie.

Festivals Culturels

Description : Explorez les festivals culturels du monde entier, discutant de leurs traditions, de leur musique, de leur nourriture et de leurs célébrations.

Avantages : Encourage l'appréciation culturelle, la conscience mondiale et un sentiment de célébration.

Variantes : Explorez les festivals de différents continents.

Carte Puzzle

Description : Apprenez les continents en utilisant des cartes puzzles pour identifier et placer les continents à leurs emplacements corrects.

Avantages : Favorise la conscience géographique, la compréhension spatiale et la géographie mondiale.

Variantes : Explorez différents aspects des continents.

Exploration de Danses Culturelles

Description : Explorez les danses traditionnelles de différentes cultures, permettant aux enfants de les apprendre et de les interpréter.

Avantages : Encourage l'appréciation culturelle, la coordination physique et la compréhension de la danse.

Variantes : Explorez les danses de cultures spécifiques.

Modèles de Formations Géographiques

Description : Créez des modèles 3D de formations géographiques telles que des montagnes, des vallées et des rivières à l'aide de matériaux de bricolage.

Avantages : Favorise la conscience géographique, la compréhension spatiale et la créativité.

Variantes : Explorez différentes formations géographiques.

Activités de Développement Social et Émotionnel

Charades des Émotions

Description : Les enfants jouent différentes émotions (heureux, triste, en colère) sans utiliser de mots. Les autres devinent l'émotion représentée.

Avantages : Améliore la reconnaissance et l'expression émotionnelles, favorise l'empathie et améliore les compétences en communication.

Variantes : Utilisez des cartes avec différentes expressions émotionnelles, ou jouez des scénarios qui déclenchent différentes émotions.

Pierres Émotionnelles

Description : Peignez diverses émotions (heureux, triste, surpris, etc.) sur des pierres. Les enfants peuvent choisir une pierre et partager un moment où ils ont ressenti cette émotion.

Avantages : Favorise la conscience émotionnelle de soi, encourage la communication ouverte et aide les enfants à comprendre qu'il est normal de ressentir différentes émotions.

Variantes : Ajoutez des émotions plus nuancées ou combinez des émotions sur une seule pierre (par exemple, heureux et surpris).

Cartes Émotionnelles et Histoires

Description : Créez des cartes émotionnelles avec des expressions faciales. Lisez des histoires ou des scénarios et demandez aux enfants d'associer la carte émotionnelle à ce que le personnage pourrait ressentir.

Avantages : Améliore le vocabulaire émotionnel, l'empathie et la compréhension des sentiments des autres.

Variantes : Utilisez des photos réelles ou des illustrations sur les cartes pour représenter différentes émotions.

Journal de Gratitude

Description : Fournissez aux enfants un journal pour écrire ou dessiner quelque chose pour lequel ils sont reconnaissants chaque jour.

Avantages : Favorise une perspective positive, l'autoréflexion et la gratitude, pouvant conduire au bien-être émotionnel.

Variantes : Encouragez les enfants à créer un "pot de bonheur" où ils notent des moments de joie quotidiens à relire plus tard.

Cercle de Vérification des Émotions

Description : Rassemblez-vous en cercle et demandez aux enfants de partager comment ils se sentent aujourd'hui. Discutez des raisons de ces émotions dans un environnement sûr et favorable.

Avantages : Encourage l'expression émotionnelle, l'écoute active et des réponses empathiques.

Variantes : Utilisez une "roue des émotions" avec divers mots émotionnels pour aider les enfants à décrire leurs émotions de manière plus précise.

Masques d'Émotions

Description : Fournissez des masques vierges ou des modèles pour que les enfants les décorent selon ce qu'ils ressentent à l'instant. Discutez pourquoi ils ont choisi des expressions spécifiques.

Avantages : Encourage la créativité, l'expression émotionnelle et la prise de conscience de soi.

Variantes : Utilisez différents matériaux tels que des assiettes en papier ou de la mousse artisanale pour les masques, ou fournissez des accessoires qui représentent des émotions.

Cercle de Gratitude

Description : Asseyez-vous en cercle et demandez à chaque enfant d'exprimer quelque chose pour lequel il est reconnaissant. Encouragez-les à penser à des choses quotidiennes qui apportent de la joie.

Avantages : Favorise la gratitude, la pleine conscience et la pensée positive.

Variantes : Créez un arbre de gratitude en dessinant ou plaçant des feuilles sur un arbre avec ce pour quoi chaque enfant est reconnaissant.

Exercices de Pleine Conscience et Respiration

Description : Enseignez aux enfants des techniques simples de pleine conscience telles que la respiration profonde ou l'imagerie guidée pour les aider à gérer leurs émotions.

Avantages : Améliore la régulation émotionnelle, réduit le stress et améliore la conscience de soi.

Variantes : Intégrez le mouvement avec des exercices de pleine conscience, tels que le yoga pour les enfants.

RÉFÉRENCES

Anthony, D. (2023, April 21). Famous Montessori student success stories. Primary Montessori. https://primarymontessori.com/famous-montessori-student-success-stories/

Burnett, C. (2020, May 17). Rainbow magic milk science experiment. Childhood101. https://childhood101.com/magic-milk-science-experiment/

The environment: Materials. (n.d.). Virtual Lab School. https://www.virtuallabschool.org/infant-toddler/learning-environments/lesson-4

Eva. (2020, April 23). 7 classic baking soda and vinegar activities to do with your kids. KidMinds. https://kidminds.org/classic-baking-soda-and-vinegar-activities/

How We Montessori. (2023, July 7). Creating a Montessori bedroom for your two-year-old. Lovevery. https://lovevery.com/community/blog/child-development/how-to-montessori-your-two-year-olds-bedroom-by-howwemontessori/

Isaacs, B. (n.d.). The Montessori method: Encouraging independence. Teach Early Years. https://www.teachearlyyears.com/learning-and-development/view/the-montessori-method-encouraging-independence

Jones, S. (2022, October 4). How is science taught in Montessori? Montessori for Today. https://montessorifortoday.com/how-is-science-taught-in-montessori/

Juju. (2023, July 6). How to recognise and support sensitive periods in your child's development. Montessori Academy. https://montessoriacademy.com.au/how-to-recognise-and-support-sensitive-periods-in-your-childs-development/

Ledendecker, M. (2019, December 23). Seven little ways to create a Montessori home environment. The Montessori School of the Berkshires. https://www.berkshiremontessori.org/msb-blog/7ways-montessori-home-environment

Montessori, M. (n.d.). Maria Montessori quotes. Montessori 150. https://montessori150.org/maria-montessori/montessori-quotes/

Success stories. (n.d.). Living Montessori Education Community. https://www.livingmontessori.com/our-school/success-stories/

www.ingramcontent.com/pod-product-compliance
Lightning Source LLC
Chambersburg PA
CBHW072158070526
44585CB00015B/1198